Nandine Meyden

Jedes Kind kann sich benehmen

Nandine Meyden

Jedes Kind kann sich benehmen

So lernen Ihre Kleinen gute Umgangsformen

humboldt

Bibliografische Information der Deutschen Nationalbibliothek
Die Deutsche Nationalbibliothek verzeichnet diese Publikation in der Deutschen Nationalbibliografie; detaillierte bibliografische Daten sind im Internet über http://dnb.ddb.de abrufbar.

ISBN 978-3-86910-602-1

Die Autorin: Nandine Meyden gibt seit 15 Jahren Benimmkurse für Groß und Klein. Die Fernsehzuschauer kennen die Etikette-Trainerin und Buchautorin aus der MDR-Sendung „Vorsicht Fettnäpfchen!". Um möglichst viele praktische Tipps im Buch zu vereinen, hat sie für diesen Ratgeber eng mit jungen Eltern zusammengearbeitet.

Originalausgabe

Ein Imprint der Schlüterschen Verlagsgesellschaft mbH & Co. KG,
Hans-Böckler-Allee 7, 30173 Hannover
www.schluetersche.de
www.humboldt.de

Lektorat:	Redaktionsbüro Punkt und Komma, Nathalie Röseler, Pliening
Illustrationen:	Ingrid Mack-Zellmer, Los Angeles
Covergestaltung:	DSP Zeitgeist GmbH, Ettlingen
Innengestaltung:	akuSatz Andrea Kunkel, Stuttgart
Titelfoto:	Sean Justice / Corbis
Satz:	PER Medien+Marketing GmbH, Braunschweig
Druck:	CPI – Ebner & Spiegel, Ulm

Hergestellt in Deutschland.
Gedruckt auf Papier aus nachhaltiger Forstwirtschaft.

Inhalt

Diese Jugend! Gestern und heute

Keilinschrift aus Ur, Chaldäa, ca. 2000 v. Chr.:
„Unsere Jugend ist heruntergekommen und zuchtlos. Die jungen Leute hören nicht mehr auf ihre Eltern. Das Ende der Welt ist nahe."

Sokrates, griechischer Philosoph, 470 – 399 v. Chr.:
„Die Jugend von heute liebt den Luxus, hat schlechte Manieren und verachtet die Autorität. Sie widersprechen den Eltern, legen die Beine übereinander und tyrannisieren ihre Lehrer."

Aristoteles, griechischer Philosoph, 384 – 322 v. Chr.:
„Ich habe überhaupt keine Hoffnung mehr in die Zukunft unseres Landes, wenn einmal unsere Jugend die Männer von morgen stellt. Unsere Jugend ist unerträglich, unverantwortlich und entsetzlich anzusehen."

Dem Mönch Peter von Morrone, 1274, zugeschrieben:
„Die Welt macht schlimme Zeiten durch. Die jungen Leute von heute denken an nichts anderes als an sich selbst. Sie haben keine Ehrfurcht vor ihren Eltern oder dem Alter."

Regierungsbericht, 1852:
„Es ist die Wahrnehmung gemacht worden, dass bei der Schuljugend die früher kundgegebene Anständigkeit und das sittliche Benehmen ... mehr und mehr verschwinde."

Und heute?

Einleitung

Es ist also nichts Neues, dass über die schlechten Umgangsformen der heranwachsenden Generation geklagt wird. Neu ist, dass Arbeitgeber, die dringend Auszubildende, Trainees, Praktikanten oder Berufsanfänger suchen, ihre freien Stellen nicht ohne Weiteres füllen können. Die jungen Leute benehmen sich so schlecht, dass sie nicht tragbar für das Unternehmen sind. Kunden werden einsilbig abgefertigt, Kollegen unzureichend gegrüßt, Pünktlichkeit und Ordnung lassen zu wünschen übrig, die Kleidung ist ein ewiges Diskussionsthema. Waren dies früher Einzelfälle, so weiß sich heute selbst manch ein großer Konzern, der begehrte Stellen bietet und freie Auswahl unter den Bewerbern hat, nicht anders zu helfen, als intensive Schulungen zum Thema Umgangsformen im ersten Lehrjahr als Pflicht einzuführen. Die Reputation des Unternehmens im In- und Ausland hängt nicht nur von den Produkten, sondern auch vom Verhalten der Mitarbeiter ab. Zudem leiden viele der langjährigen Mitarbeiter unter dem unfreundlichen Ton der jungen Kollegen und dem damit schlechter werdenden Betriebsklima.

Dennoch scheinen den Deutschen gute Umgangsformen wichtig zu sein. Eine repräsentative Umfrage des Meinungsforschungsinstituts „emnid“ hatte zum Ergebnis, dass rund 95 Prozent aller Deutschen gute Umgangsformen für wichtig beziehungsweise sehr wichtig halten. 77,3 Prozent aller Befragten stuften in einer Studie des Karriereportals „monster.de“ im Jahr 2006 gute Manieren als sehr wichtig für den Karriereerfolg ein. „Danke“, „Bitte“ und „Entschuldigung“ zu sagen finden laut einer Untersuchung des Nürnberger Sailer-Verlages aus dem Jahr 2004 sogar 95 Prozent der Schüler zwischen sechs und 13 Jahren wichtig. Im Jahr 2007 zeigte eine Untersuchung, die im Auftrag des Apothekenmagazins „medizini“ durchgeführt wurde, dass sich 71,2 Prozent der Kinder darüber ärgern, wenn sich Erwachsene vordrängeln.

Manieren regeln das Miteinander

Schlechte Manieren sind also für Menschen jeglichen Alters störend, gute Umgangsformen hingegen wichtig. Wenn man sich tagtäglich am Arbeitsplatz, auf der Straße, im Supermarkt oder in der U-Bahn umsieht, dann fragt man sich unwillkürlich: Wo sind all die Menschen, die so viel Wert auf guten Ton legen? Es scheint eine Diskrepanz zu geben zwischen dem, was an Verhalten erwartet und dem, was selbst gezeigt wird. Vielleicht ist es auch eine zunehmend wachsende Anzahl von Menschen, die kein Gefühl dafür hat, was andere als unhöflich oder störend empfinden.

Fakt ist: Menschen mit schlechtem Benehmen werden ausgegrenzt, da sie selbst auch andere ausgrenzen. Gutes Benehmen zeigt dem Gegenüber: Du bist mir wichtig, ich will, dass wir uns miteinander wohlfühlen. Manieren sind also nichts Altmodisches, Steifes und Unnatürliches: Manieren dienen dazu, menschliches Miteinander zu regeln – hier und überall auf der Welt.

Kinder haben viele Vorteile, wenn sie gute Umgangsformen von klein auf erlernen:

- Erfolg und Karriere im späteren Leben werden erleichtert.
- Sie sind beliebter bei anderen.
- Sie sind ein gern gesehener Gast in anderen Familien.
- Sie gewinnen Selbstsicherheit im Auftreten.
- Von klein auf erlernte Manieren zeigen sich in natürlichem, lockeren Verhalten.
- Es fällt ihnen leichter, sich später bei internationalen Kontakten auch mit fremden Etiketteregeln zurechtzufinden und anzupassen.

All dies stärkt das Selbstbewusstsein und das Selbstvertrauen eines heranwachsenden Menschen.
Dieses Buch gibt Ihnen einen Überblick über heute geltende Verhaltensstandards. Es zeigt Ihnen als Eltern und Erziehungsberechtigten, welche gesellschaftlichen Spielregeln in unserem Miteinander überhaupt noch gelten und hilft Ihnen so, Wissenslücken im Bereich moderner Umgangsformen zu füllen. Das ist wichtig, denn unsichere Eltern sind oft nicht konsequent oder können Gründe für Regeln nicht erklären. Einige der vorgestellten Regeln betreffen Ihre Kinder noch nicht, solange sie bei Ihnen zu Hause leben. Als junge Erwachsene, mit den ersten Schritten im Berufsleben, werden sie aber davon profitieren, wenn sie im Elternhaus diese Umgangsformen als selbstverständlich erlebt haben.
Ihr Wissen allein schafft es noch nicht, dass Ihr Kind sich ebenso souverän verhält. Ausführliche Tipps für Ihr Verhalten

erleichtern Ihnen die Vermittlung guten Benehmens in der Familie und unterstützen Sie auf konkrete Weise für einen höflicheren und respektvolleren Umgang miteinander.

Erste Hilfe für Erziehungsberechtigte

Sie finden eine Reihe von Fallbeispielen. Alle diese Beispiele sind wahre Begebenheiten, die mir so oder so ähnlich sehr oft im Laufe meiner Berufstätigkeit geschildert wurden oder die ich selbst erlebt habe. Die Namen in den Geschichten sind frei erfunden. Ähnlichkeiten mit realen Personen sind nicht beabsichtigt, aber dennoch nicht zufällig. Zu sehr spiegeln die Beispiele einen Alltag wider, wie er inzwischen in fast jeder Familie zu finden ist.

Informationen, warum wann welche Regeln gelten, können Ihnen und Ihrem Kind helfen, sich ähnliche Begebenheiten zu ersparen. Ausblicke, wie schädlich sich ein Mangel an guten Umgangsformen im Erwachsenenleben auswirken kann, helfen Ihnen, das Ziel im Auge zu behalten: eine gute Vorbereitung durch die Erziehungsberechtigten auf ein möglichst selbstbestimmtes Leben der Kinder mit ausreichend Wahlmöglichkeiten und der Fähigkeit, sich in jeglicher Gesellschaft zurechtzufinden und zu behaupten.

Eine Reihe von Praxistipps, Spielen, Checklisten und Übungen bieten eine reichhaltige Auswahl an Instrumenten zur Umsetzung. Sie basieren auf verschiedenen pädagogischen und psychologischen Theorien. Erziehende und Heranwachsende sind eben sehr unterschiedlich. Jede Familie braucht deshalb andere Instrumente. Ein Patentrezept gibt es nicht.

Kinder unter drei Jahren lernen Umgangsformen nur indirekt, indem sie verfolgen, was um sie herum passiert und wie die Bezugspersonen handeln. Die vorgeschlagenen Regeln und Tipps zur Umsetzung eignen sich deshalb nur für Kinder über drei Jahren bis hin zum Teenageralter. Ich habe darauf verzichtet, jeweils anzugeben, was ein Kind in welcher Altersstufe beherrschen sollte. Kinder entwickeln sich sehr unterschiedlich, deshalb ist eine Angabe nach Jahren nicht hilfreich. Sie kennen Ihr Kind und wissen, was Sie von ihm fordern können.

Das Klagen über die nächste Generation ist so alt wie die Geschichte der Menschheit.

Das Buch ist kein pädagogischer Ratgeber für Eltern, die verhaltensgestörte Kinder haben. Wann ein Kind verhaltensgestört ist, kann im Zweifelsfall nur ein Fachmann klären.
Erziehungsarbeit gehört auch heutzutage noch vorwiegend zu den Aufgaben der Frauen. Es gibt jedoch immer mehr Männer, die Verantwortung und Zeit für Kinder übernehmen. Die Zahl der Alleinerziehenden ist seit Jahren zunehmend, in einigen Familien werden Kinder durch ein gleichgeschlechtliches Paar großgezogen. Der von mir verwendetet Begriff „Eltern" ist deshalb immer so zu verstehen, dass ich die Personen meine, die die Funktion von Eltern haben, nicht unbedingt die biologischen Eltern.
Die Hirnforschung weiß heute, dass positive Emotionen auch positive Auswirkungen auf das Lernen haben. Humor und gute Laune sind deshalb Voraussetzungen für eine gelungene Erziehung. Ich wünsche Ihnen, dass Sie das Buch hin und wieder zum Schmunzeln bringt und es Ihnen erleichtert, Ihre wichtige Aufgabe mit Freude erfolgreich zu meistern.
Ohne all die Eltern, die mir nicht nur ihre Fragen und Probleme anvertrauten, sondern auch ihre Tipps und Erfahrungen weitergegeben haben, wäre dieses Buch nicht möglich gewesen: Danke schön! Mein herzlicher Dank gilt auch dem Verlag humboldt, insbesondere Mark Wachsmann, für die wirklich fantastische und überaus geduldige Unterstützung bei diesem Projekt. Ingrid Mack-Zellmer gilt mein Dank für die Illustrationen. Die große Sorgfalt, die kritischen Fragen sowie die vielen guten Ideen meiner Lektorin Nathalie Röseler waren ein wichtiger Beitrag. Vielen Dank!

Pädagogische Grundlagen

Kinder sollten gute und moderne Umgangsformen lernen. Um sie ihnen auch richtig vermitteln zu können, müssen grundlegende Einstellungen und Verhaltensweisen bei Ihnen als Erziehungsberechtigtem ebenfalls vorhanden und gefestigt sein.

Die Informationen und Praxistipps sowie die abschließenden Übungen am Ende der einzelnen Kapitel sollen es Ihnen leichter machen, die zu lernenden Manieren, die in den Folgekapiteln ausführlich dargestellt werden, in der Familie einzuführen, anzuwenden und zu etablieren.

Vorbild und Einigkeit

Klaus, 12 Jahre, sitzt mit den Eltern am Frühstückstisch. Während er seinen Kakao trinkt und sein Marmeladebrot isst, schaut er in sein Vokabelheft. Heute steht eine Klassenarbeit in Englisch an, da will er lieber auf Nummer sicher gehen und das Gelernte noch einmal wiederholen. „Leg das weg", ermahnt ihn sein Vater. „Wenn du gestern nicht richtig gelernt hast, dann hilft das heute auch nicht mehr. Außerdem wird beim Essen nicht gelesen." „Lass ihn doch", schaltet sich die Mutter ein. „Wir können uns freuen, dass er sich so engagiert. Besser, als wenn ihm die Schule egal ist." „Genau!", sagt Klaus. „Außerdem liest du ja auch die Zeitung beim Frühstück."

Eine große Schwierigkeit bei der Umsetzung von Manieren besteht darin, dass es innerhalb der Familie oft keine Einigkeit mehr darüber gibt, was denn nun höflich ist, welche Regeln bei gutem Benehmen gelten. In der Verwandtschaft werden wieder andere Normen für richtig erachtet, und jede Nachbarsfamilie hat einen eigenen Verhaltenskodex. Je weniger Verbindlichkeit und Einheitlichkeit Ihr Kind erlebt, desto schwieriger ist es zu verstehen, was es tun soll und was nicht. Sorgen Sie deshalb unbedingt dafür, dass zumindest innerhalb des engsten Kreises klare und verbindliche Regeln und Absprachen herrschen. Sie müssen sich einig darüber sein, ob Sie es dulden, dass ein müdes Kind eine Hand unter dem Tisch hat, oder ob das keinesfalls infrage kommt. Es muss Klarheit darüber bestehen, ob und wann Sie es akzeptieren, dass ein Kind ein Gespräch unterbricht. Diskutieren Sie diese Dinge nicht vor dem Kind aus. Es ist wichtig, dass Ihr Kind von allen Erziehungsberechtigten darauf hingewiesen wird, dass es sich vor dem Essen die Hände waschen soll, dass die Schuhe ausgezogen werden und dass ein „Guten Morgen“ auch bei schlechter Laune erwartet wird. Ein Elternteil, der sich dieser mühseligen Aufgabe des ständigen Erinnerns und Hinweisens entzieht, wird seiner Erziehungsaufgabe nicht gerecht und schadet dem Kind im späteren Leben.

Mit gutem Beispiel voran

Nichts ist so entscheidend bei der Vermittlung von gutem Benehmen, wie das Beispiel, welches das Kind tagtäglich in der eigenen Familie erlebt. Auch wenn es in der Pubertät trot-

Das Vorbild
muss glaubwürdig sein!

zig das seiner Meinung nach „spießige" Verhalten einer gemeinsamen Mahlzeit zu einer festen Uhrzeit ablehnt. Wenn das Kind später alleine oder mit Freunden zusammenwohnt, so wird es dieses Ritual wahrscheinlich vermissen, falls es nicht stattfindet. Kinder haben eine gute Beobachtungsgabe und scharfe Augen, ganz besonders dann, wenn es darum geht, die eigenen Eltern bei Inkonsequenz und Fehlverhalten zu ertappen.

Unabdingbare Voraussetzung dafür, dass Ihr Kind soziale Kompetenz erwirbt, ist, dass Sie ihm diese Tag für Tag vorleben. Fordern Sie bestimmte Verhaltensweise nur autoritär ein, wird Ihr Kind entweder eine autoritätshörige Persönlichkeit oder neigt besonders stark zu Widerspruch. Als autoritätshörige Person wird es als Erwachsener nur andressiertes Regelverhalten zeigen. Kinder, die mit autoritärer Erziehung groß geworden sind, entwickeln oft die sogenannte Radfahrer-Mentalität: Sie ducken sich nach oben hin und hasten den Aufforderungen von höher gestellten Personen hinterher, nach unten wird getreten. So wird es also keine stabile Persönlichkeit entwickeln können, die aus Überzeugung und Wertschätzung gegenüber anderen Menschen auf entspannte Art perfekte Umgangsformen beherrscht. Ihr Kind wird dadurch auch nicht befähigt, im späteren Leben Anweisungen und Regeln kritisch zu hinterfragen und adäquat mit seinen Zweifeln umzugehen. Treiben Sie Ihr Kind in den Widerstand, so ist ein ständiger Kampf programmiert. Ein Vertrauensverhältnis kann sich so nicht aufbauen. Ein Bruch in der Beziehung zwischen Eltern und Kind ist dann vorhersehbar.

Praxistipps

1. Klären Sie mit Ihrem Partner, welche Verhaltensweisen Sie beide nie, immer oder ausnahmsweise dulden.
2. Diskutieren Sie nie vor dem Kind, was Ihnen in der Erziehung wichtig ist, wo Sie anderer Meinung als der Partner sind, wo Sie Kompromisse schließen wollen und was Sie ändern möchten.
3. Machen Sie eine Checkliste, auf der schlechte Beispiele in der Öffentlichkeit zu sehen sind: spucken, drängeln, Müll wegwerfen, lautes telefonieren, schubsen, kein „Danke" oder „Bitte" ... etc. Legen Sie dazu mehrere Spalten an, in denen Sie das Datum notieren können, wann Sie mit Ihrem Kind unangemessenes Verhalten anderer beobachtet und besprochen haben. Prüfen Sie jedes Quartal, ob die Dinge oft genug besprochen wurden und welches Verhalten Ihr Kind zeigt.

Gemeinsam sind wir stark

Bei Müllers sind heute Bekannte zu einem Dia-Abend eingeladen. Da die Eltern wissen, wie ungern die Kinder im Teenageralter dabei sind, wird das auch nicht verlangt. Im Gegenteil: Auch die Eltern freuen sich auf einen ungestörten Abend mit ihren Freunden, die sie länger nicht gesehen haben. Von den Kindern wird aber erwartet, dass sie die Gäste begrüßen. Als es soweit ist und sich das Wohnzimmer der Müllers füllt, kommen Claudia, 16 Jahre, und Timmy, 15 Jahre, kurz herein. Timmy hat die linke Hand in der Hosentasche versenkt und schüttelt mit der rechten die Hände der Gäste. Als die Eltern ihn am nächsten Tag darauf hinweisen, dass die Hände bei einem Gespräch mit Erwachsenen nicht in der Hosentasche sein dürfen, erst recht nicht bei einer Begrüßung, meint er: „Ihr seid so spießig. Das war früher vielleicht so. Das ist längst altmodisch. Heute machen das alle so. Sieht man im Fernsehen. Sogar bei den Fernsehmoderatoren, die ihr doch so toll findet. Wenn die das im Fernsehen dürfen, wieso darf ich das dann nicht?“

Gerade Rollenvorbilder für Teenager wie Filmstars oder bekannte Popmusiker geben sich in den Medien oft unverschämt und respektlos. Aber auch andere Personen der Öffentlichkeit zeigen nicht immer korrektes und höfliches Verhalten. Das macht in vielen Fällen bestimmte Erziehungsideale schwierig, da die Heranwachsenden die Idee bekommen, man könne in der Welt nur dann etwas erreichen, wenn man sich so kleidet und verhält, wie es prominente Persönlichkeiten vorleben. Kinder und Jugendliche brauchen Vorbilder, sie brauchen diese Vorbilder im kleinen Kreis, aber auch aus der großen weiten Welt.

Schlechtes Benehmen kommentieren

Bei allen Untersuchungen und Befragungen, die in den letzten Jahrzehnten zu diesem Thema gemacht wurden, sind die Eltern von den Heranwachsenden an erster Stelle als Vorbilder genannt. Das ist auf der einen Seite sicherlich tröstlich, dennoch entbindet es nicht von der Verantwortung, sich Gedanken um vorgelebte Werte zu machen, die weder förderlich für das eigene Kind noch förderlich für unsere Gesellschaft sind. Die junge Frau, die sich rücksichtslos in einer Schlange vordrängelt, der Mann, der Ihnen den Parkplatz vor der Nase

wegschnappt – auch sie hinterlassen einen Eindruck bei Ihrem Kind.
Lassen Sie schlechtes Benehmen, mit dem Ihre Tochter oder Ihr Sohn im täglichen Leben konfrontiert ist, nicht unkommentiert. Erklären Sie Ihrem Kind, warum ein rücksichtsvoller Umgang auch mit fremden Menschen wichtig ist. Weisen Sie darauf hin, wenn andere sich vordrängeln, eine Tür vor Ihrer Nase zufallen lassen oder schubsen, erklären Sie, warum Sie das ärgerlich finden und aus welchen Gründen Sie selbst sich anders verhalten würden.

Andere Eltern – andere Sitten?

Sprechen Sie auch mit anderen Eltern, wenn Sie das Gefühl haben, Ihr Kind lernt dort andere Verhaltensweisen. Im Allgemeinen ist es nicht schädlich, wenn das Kind mit unterschiedlichen Sitten konfrontiert wird. Die meisten Kinder verstehen durchaus, dass es in jeder Familie ein wenig anders zugeht. Trotzdem sollten Sie die Übersicht darüber behalten, mit welchem Verhalten Ihr Kind Kontakt hat. Wenn Ihre Tochter erzählt, bei der Familie ihrer Freundin Hilde gefalle es ihr so gut, da man sich dort zum Essen auf den Boden vor den Fernseher setzen dürfe, dann sollten Sie auf jeden Fall Hildes Eltern fragen, ob das überhaupt stimmt und ob das wirklich jeden Tag so üblich ist oder ob es eine Ausnahme war, um den beiden Mädchen eine Freude zu machen. Sollte es tatsächlich ein Dauerzustand sein, dass vor dem Fernseher am Boden gegessen wird, so können Sie den Eltern immerhin sagen, dass Sie das nicht so gut finden und dass es in Ihrer

Familie nicht geduldet wird. Außerdem ist es dann wichtig, dass Hilde öfter bei Ihnen zu Gast ist als Ihre Tochter bei Hilde. Vielleicht gefällt es dem kleinen Mädchen sogar sehr gut, wie schön es bei Ihnen zu Hause zugeht und wie viel Spaß es macht, wenn zusammen gegessen wird und sich alle dabei unterhalten – auch wenn es das vielleicht in dem Augenblick nicht zugibt.

Eltern haben mehr Macht, als sie denken. Allerdings meist nur dann, wenn sie sich zusammenschließen. Eine einzelne Person, die sich bei Fernsehsendern über gezeigte Inhalte oder bei Institutionen über das Verhalten eines Repräsentanten beschwert, wird sehr oft nicht ernst genommen. Anders sieht es aus, wenn sich Vereine, Verbände oder Organisationen zu Wort melden, vor allem, wenn sie es beharrlich immer wieder und an verschiedenen Stellen tun.

Es gibt heute eine ganze Reihe von Interessengemeinschaften. Finden Sie also heraus, welche es in Ihrer Nähe gibt. Suchen Sie Kontakt und überlegen Sie, wo Sie sich einbringen möchten und wo Sie Chancen sehen, dass in Ihrem Sinne gehandelt wird. Die Vorteile dieser Interessengemeinschaften liegen auch darin, dass viele davon bundesweit vernetzt sind und damit auch die Möglichkeit haben, gemeinsame Aktionen zu starten.

Praxistipps

1. Suchen Sie im Freundeskreis und der Verwandtschaft gezielt nach Eltern, welche die gleichen Werte wie Sie vertreten.
2. Suchen Sie Kontakt zu anderen Eltern und sprechen Sie darüber, welche Spielregeln bei Ihnen gelten, wenn andere Kinder zu Besuch kommen.
3. Weisen Sie Ihr Kind auf schlechtes Benehmen in der Öffentlichkeit hin und erklären Sie, warum das störend ist.
4. Schließen Sie sich Interessenverbänden an.

Geduld und Ausdauer

„Nimm bitte beide Hände beim Essen auf den Tisch", sagt Frau Huber ihrer Tochter Claudia, 9 Jahre. Claudia tut es für einen Augenblick, dann wandert wieder eine Hand auf den Schoß. „Claudia, deine linke Hand muss auch auf den Tisch, selbst wenn du sie gerade nicht brauchst." Die Hand wird auf den Tisch gelegt, um gleich wieder zu verschwinden. So geht es während des gesamten Essens. Am nächsten Tag geht das Spiel wieder von vorne los. Über Wochen vergeht kein Tag, an dem das Thema „immer beide Hände auf dem Tisch" nicht zur Sprache kommt. Irgendwann gibt Frau Huber auf. Sie ist fast alleine für die Erziehung der Tochter zuständig und arbeitet zudem noch halbtags. Ihr Mann ist beruflich häufig unterwegs. Wenn sie gemeinsam mit der Tochter isst und mit ihr plaudern möchte, kann sie selbst nur wenig zu sich nehmen. Zu einer richtigen Unterhaltung kommt es kaum, da sie mit den Ermahnungen beschäftigt ist, die zudem die Atmosphäre nicht verbessern.

Erziehen ist anstrengend. Das bezweifelt niemand. Geduld, Beständigkeit und viele Wiederholungen sind jedoch bei fast jeder Art von Lernen unumgänglich. Kein Musikinstrument lernt sich von selbst, keine Vokabeln einer Sprache fliegen einem zu. Alles muss geübt und wiederholt werden. Je besser jemand in einer Tätigkeit ist, desto mehr Übung steckt dahinter. Berühmte Musiker wie Anne-Sophie Mutter hätten niemals dieses Niveau erreicht, wenn sie nicht von früh an bestimmte Tonfolgen wieder und wieder gespielt hätten. Auch ein Tennisprofi wie Boris Becker hätte nie Weltruhm erlangt, wenn er nicht bereit gewesen wäre, einen bestimmten Schlag fünfzig Mal hintereinander zu üben – nur um es am nächsten und am übernächsten Tag wieder zu tun. Bei den vielen Dingen, die soziale Kompetenz ausmachen, ist es nicht anders: Das Verhalten muss vom Kind eingeübt werden, bis es ein Automatismus ist. Das Kind ist aber noch zu klein, um sich selbst für diese Art von Übung zu entscheiden. Die Eltern haben deshalb die Pflicht, dies einzufordern.

Geben Sie bei einzelnen Dingen auf, weil Sie glauben, es hätte keinen Sinn, so geben Sie Ihrem Kind das Signal, dass es sich bei einem anderen Thema durchaus lohnen könnte, ebenso widerspenstig zu sein. Es hat schließlich mit dem Thema „Hände auf den Tisch“ geklappt, dann wird es vielleicht auch beim pünktlich nach Hause kommen, dem Schuhe abstreifen, dem Zimmer aufräumen und Tausend anderen Dingen klappen.

Praxistipps

1. Zeigen Sie dem Kind, dass Sie sicher nicht aufgeben werden.
2. Fordern Sie die Einhaltung von Regeln immer wieder ein.
3. Diskutieren Sie die Regeln nicht mehr, wenn Sie einmal erklärt und begründet wurden.
4. Hängen Sie sich einen Zettel an eine gut sichtbare Stelle: „Von selber geht es nicht!"

Rahmen, Regeln, Grenzen

Sabine Fritsche ist umgezogen. Sie sucht den Kontakt zu Nachbarn, die ebenfalls kleine Kinder haben. Umso mehr freut sie sich, als sich herausstellt, dass in der Wohnung nebenan Familie Schubert wohnt, die wie sie eine fünfjährige Tochter hat. Sie fühlt sich verstanden, als ihr die Nachbarin erzählt, wie wichtig ihr die Bedürfnisse des Kindes sind und wie sehr sie darauf achtet, die Persönlichkeit der Tochter von früh an zu fördern und dafür zu sorgen, dass sie selbstständig und selbstbewusst wird. Nach einem Besuch bei Schuberts ist Sabine Fritsche jedoch befremdet und verunsichert. Bei Schuberts gibt es keine festen Essenszeiten, die Tochter Kathrin bekommt immer dann etwas zu essen, wenn sie Hunger hat – zu jeder Tageszeit. Sie soll schließlich keine Essstörung bekommen. Deshalb wird auch kein Zwang ausgeübt, sich dazuzusetzen, wenn der Rest der Familie zusammen isst. Möchte sie dabei sein, ist es gut, will sie lieber zwischendrin aufstehen, ist es auch gut. Kathrin solle lernen, die eigenen Bedürfnisse zu erkennen und das gemeinsame Essen nicht als Zwang empfinden. Sie habe einen starken Bewegungsdrang, erklärt Frau Schubert. Da könne man die Fünfjährige nicht zwingen, so lange still zu sitzen.

Das Leben der Erwachsenen ist eingebunden in bestimmte Grenzen und unterläuft bestimmten Regeln. Je nach Kultur, Beruf und sozialem Umfeld gibt es einen Rahmen, innerhalb dessen wir uns wohlfühlen und in dem wir uns ausleben können, ohne Sanktionen zu fürchten. Dies muss ein Kind lernen, um sich später mit genügend Selbstbewusstsein sowohl in einen Rahmen einzufügen als auch Regeln zu hinterfragen. Erlernt ein Kind diese Fähigkeit nicht, dann muss es erleben, was zurzeit vielen Jugendlichen widerfährt: Trotz hoher Intelligenz sind sie nicht fähig, sich am Arbeitsplatz ein- und unterzuordnen, eine Ausbildung zu Ende zu bringen. Oft gelingt es nicht einmal, dass sie jeden Tag pünktlich erscheinen.

Regeln bringen Stabilität und Orientierung

Je restriktiver die Eltern selbst aufgewachsen sind und je mehr sie Regeln als schmerzhaften Rahmen und als Gefängnis empfunden haben, desto mehr tendieren sie dazu, Kindern alles zu gestatten, damit deren Kindheit schöner wird als die eigene.

Regeln bieten jedoch auch Positives, sie schaffen Orientierung und Stabilität. Unsere Regeln des Alltags geben uns Hinweise, wie wir uns zum Beispiel im Straßenverkehr verhalten müssen, damit der Verkehr fließt und es keine Unfälle gibt. Wir wissen durch Regeln, dass wir im ICE die Fahrkarte auch im Zug kaufen können, in der Regionalbahn jedoch nicht. Wir verstehen, dass wir uns bei einem Umzug ummelden müssen, wann wir eine Steuererklärung abzugeben haben

Regeln ermöglichen das Zusammenleben.

und was wir tun müssen, um eine Kreditkarte zu bekommen. Ohne all diese Regeln ist unser komplexes Leben in der modernen, vernetzten Welt nicht möglich. Regeln des Zusammenlebens hat es immer schon gegeben und es gibt sie auch heute in jeder Kultur: Vom im Regenwald lebenden Indianerstamm bis hin zu den Wall-Street-Brokern hat jede Gemeinschaft ihre Regeln. Interessanterweise zeigen wissenschaftliche Untersuchungen, dass Kinder schon früh erkennen, welche Regeln allgemeingültig sind und welche sie infrage stellen können.

Wichtig zu wissen: Kindorientiertes Handeln ist wichtig, darf aber nicht damit verwechselt werden, dass jedem Bedürfnis des Kindes nachgegeben werden soll.
Lernt ein Kind nicht von klein auf, dass es Regeln gibt, denen es sich anpassen muss, Grenzen, die es nicht überschreiten darf und Rahmen, innerhalb derer es sich bewegen kann, so wird es weder fähig sein, ein funktionierendes Mitglied unserer Kultur zu sein noch sich einer anderen Kultur anzupassen. Denn vielleicht lehnt Ihr Kind, wenn es erwachsen ist, die Regeln unserer Kultur ab und möchte lieber sein Glück in einem ganz anderen Lebenskreis versuchen. Ihr Kind wird jedoch auch dort nur ein geschätztes Mitglied der Gemeinschaft werden, wenn es gelernt hat, die dort herrschenden Regeln zu erkennen und zu respektieren.

Grenzen setzen

Grenzen sind also nicht etwas Negatives, sondern haben damit zu tun, dass Erziehungsberechtigte mit Klarheit und Festigkeit aus Achtung vor dem Kind dafür sorgen, dass es Halt und Struktur findet. Die Familienministerin Ursula von der Leyen äußerte sich dazu im „Berliner Tagesspiegel“: „Ich bin überzeugt davon, dass Kinder Leitplanken brauchen, klare Regeln, damit sie erkennen können, was aus Sicht ihrer Eltern richtig oder falsch ist.“ Und ihre Vorgängerin im Amt, Renate Schmidt, betont: „Zur Erziehung gehören – wenige – feste Regeln.“
Wer eine ständige Grenzüberschreitung von Kindern ignoriert, verhindert, dass das Kind Selbstwertgefühl, Achtung

und Respekt entwickeln kann. Er fördert aggressives und zerstörerisches Verhalten. Regeln zu akzeptieren und einzuhalten, auch wenn sie einem selbst nicht gefallen, ist eine wichtige psychische Fähigkeit. Nur so sind Menschen in der Lage, genügend Frustrationstoleranz zu entwickeln und Notwendigkeiten zu erkennen, um sich beispielsweise im Berufsleben zurechtzufinden.

Beispiele für konkrete Regeln, wie Umgangsformen in der Familie eingehalten werden:

- „Wir essen immer alle zusammen am Tisch."
- „Es gibt feste Essenszeiten, die von allen eingehalten werden."
- „Vor dem Essen waschen sich alle die Hände."
- „Die Eltern bestimmen, was gekocht wird. Einmal in der Woche darf sich jedes Kind etwas wünschen."
- „Kinder dürfen selbst bestimmen, wie viel sie davon essen wollen."
- „Jeden Sonntag muss das ganze Kinderzimmer komplett aufgeräumt werden."
- „Schimpfwörter werden in unserer Familie nicht verwendet."
- „Mit Nahrungsmitteln spielen wir nicht."
- „Wenn uns jemand etwas über den Tisch reicht, sagen wir ‚Danke'."

Praxistipps

1. Hinterfragen Sie kritisch Ihre eigene Einstellung zu Regeln und Grenzen. Denken Sie dabei an positive und negative Erfahrungen in Ihrer Kindheit.
2. Seien Sie sich immer dessen bewusst, dass das Einhalten von Regeln und das Erkennen von Grenzen zu den grundlegenden Fähigkeiten jedes Menschen gehören, der sich selbstbewusst und erfolgreich durch das Leben bewegt.
3. Prüfen Sie genau, wie klar und eindeutig Regeln sind. Weiß das Kind immer, was es tun darf oder nicht? Wie sehr unterscheiden sich Situationen, sodass ein bestimmtes Verhalten manchmal falsch und manchmal richtig ist? Hat Ihr Kind schon die Fähigkeit, diese Situationen zu unterscheiden?
4. Versteht Ihr Kind die Regeln und versteht es auch, warum sie da sind und welche Konsequenzen ein Verstoß hat?
5. Vergessen Sie nie, dass das Hinterfragen von Regeln und das Austesten, wie groß ein Rahmen ist, zu wichtigen Fähigkeiten einer kritischen Persönlichkeit und damit zum Prozess des Erwachsenwerdens gehört.
6. Passen Sie Ihre Regeln dem Entwicklungszustand der Heranwachsenden an. Legen Sie dazu für jedes Ihrer Kinder eine Liste an, auf der Sie die Regeln notieren, die jetzt für das Kind gelten. Prüfen Sie mindestens einmal jährlich zum Geburtstag des Kindes, ob diese Regeln noch aktuell sind, ob sie geändert oder gestrichen werden müssen und ob neue Regeln dazugekommen sind, die noch nicht festgehalten wurden. Machen Sie am Geburtstag ein Ritual daraus, dass nun einige Regeln wegfallen und vielleicht andere dazukommen.
7. Schaffen Sie bewusst Ausnahmen, weil es schön ist, nicht weil Sie müde oder frustriert sind.

8. Sprechen Sie klare Worte: „Wenn du mit deinen Freunden alleine bist, dann kannst du das gerne machen. Bei uns zu Hause nicht."
9. Erklären Sie Regeln, aber lassen Sie sich nicht auf endlose Diskussionen ein. Sie wollen Ihr Kind auf das Leben vorbereiten. Über Sinn oder Unsinn von roten Ampeln diskutieren Sie ja auch nicht.
10. Halten Sie Ihre Regeln schriftlich fest, damit Sie sich konkret darauf beziehen können.

Übung

Legen Sie für sich eine Art Erinnerungstagebuch an, in dem Sie vermerken, welchen Regeln und Grenzen Sie selbst als Kind begegnet sind. Versehen Sie diese Erinnerungen mit einem „Plus" oder einem „Minus", je nachdem ob Sie diese Regeln als akzeptabel oder schmerzhaft empfanden. Prüfen Sie mehrmals jährlich, ob Sie unbewusst eine Ablehnung von Regeln auf Ihr Kind übertragen und ihm somit die nötige Stütze entzogen haben.

Spiel

Wenn Sie mit Ihrem Kind ein Buch anschauen oder ihm eine Geschichte vorlesen, dann können Sie auch immer wieder darüber sprechen, welche Regeln in welcher Gemeinschaft herrschen: beim Fußball, in einer anderen Kultur, im Altertum, in einer Fantasiewelt der Märchen.

Konsequenzen

Familie Kleinhaus hat immer wieder Schwierigkeiten mit dem Sohn Klaus, 10 Jahre. Er schafft es einfach nie, pünktlich zum Essen zu kommen. Mittags trödelt er nach der Schule immer so herum, dass sein Vater, der zur Nachmittagsschicht muss, ständig in Zeitnot gerät, da der Sohn nicht zur verabredeten Zeit kommt. Jedoch ist es ihm wichtig, gemeinsam eine warme Mahlzeit einzunehmen. Abends ist es oft genauso: Beim Spielen mit Freunden „vergisst" Klaus die Zeit und lässt dann seine Mutter mit dem Abendbrot warten. Oft hat es Diskussionen über die Mühe mit dem Essen gegeben, weil es bei zu langem Stehen auf dem Herd verdirbt. Auch die Zeitprobleme der Eltern und deren Wunsch nach gemeinsamer Mahlzeit wurden vielfach besprochen. Trotzdem spielt sich jeden Tag das Gleiche ab: Ein Elternteil wartet zunehmend genervt, der Sohn kommt zu spät. Dann wird geschimpft, das Essen hastig auf den Tisch gebracht und eilig gemeinsam gegessen.

Warum benehmen sich Kinder schlecht, obwohl sie genau wissen, dass es falsch ist, was sie tun? Diese Frage treibt viele Eltern zur Verzweiflung und lässt sie enttäuscht vom eigenen Sprössling sein. Dazu besteht aber kein Grund. Es ist normal, dass ein Kind die Regeln missachtet, die ihm beigebracht wurden. Es gehört zum Prozess des Erwachsenwerdens.

Es gibt eine Reihe von Gründen, die dazu führen können:

Neugier: Das Kind ist neugierig und will einfach ausprobieren, was passiert, wenn es die Regel nicht einhält. Vielleicht macht das ja mehr Spaß oder es passiert etwas Interessantes.

Neugier und Ausprobieren sind zutiefst menschliche Eigenschaften. Wäre unsere Gattung nicht damit ausgestattet, dann würden wir immer noch glauben, dass die Erde eine Scheibe ist.

Austesten: Das Kind möchte wissen, wie weit es Regeln dehnen kann, ob sie immer und in jeder Situation gelten. Es will auch erproben, wie Sie als Eltern damit umgehen, wenn es sich nicht an Abmachungen hält.

Zu wenig Grenzen: Oft haben Kinder zu viel Entscheidungsfreiheit und sind es nicht gewohnt, sich anzupassen und Regeln einzuhalten. Schlechtes Benehmen ist dann oft eine Art Hilferuf und die Suche nach den dringend benötigten Strukturen und Rahmen, die dem Kind das Leben erleichtern.

Müdigkeit: Ihr Kind ist überanstrengt, müde oder krank und hat keine Energie, sich auf erlernte Verhaltensweisen zu konzentrieren, sondern handelt nur lustbetont.

Stress und Druck: Es ist von seiner Gesamtsituation überfordert und schafft es einfach nicht, den vielen Anforderungen gerecht zu werden. Einem Kind ist es nicht möglich, dies klar zu erkennen und zu formulieren. Es ist Aufgabe der Eltern, kritisch zu hinterfragen, ob es vielleicht zu viele Termine im Leben des Kindes gibt und es deshalb versucht, sich Freiräume zu verschaffen und aus diesem Grund zum Beispiel immer zu spät kommt.

Aufmerksamkeit erregen: Es gibt eigentlich ganz andere Probleme, die das Kind aus verschiedenen Gründen nicht sagen will oder kann. So versucht es unbewusst, durch sein Benehmen die nötige Aufmerksamkeit zu bekommen.

Wenn Sie ausgeschlossen haben, dass Ihr Kind aus den letzten drei genannten Gründen ständig ein eingefordertes Verhalten verweigert, dann zeigen Sie ihm die Konsequenzen seines Tuns. Werden für das Kind keine Konsequenzen sichtbar, so hat es zu Recht das Gefühl, dass die Macht der Familie in seinen Händen liegt. Schließlich dominiert es mit seinem Verhalten, zwingt die Eltern, ständig zu reagieren oder auch eigene Pläne umzustoßen.

Mit Konsequenzen ist nicht gemeint:
- Körperliche Gewalt,
- anschreien,
- herumschimpfen,
- Strafaktionen,
- einsperren,
- demütigen,
- Taschengeldentzug,
- Drohungen,
- Verbot von Dingen, die noch in weiter Ferne liegen,
- Liebesentzug.

Konsequenzen zeigen heißt einfach, dass das Kind klar erkennen soll, was im Leben passiert, wenn es bestimmte Regeln nicht einhält. Im oben aufgeführten Beispiel der ständigen Verspätungen von Klaus könnte das zum Beispiel bedeuten, dass das jeweilige Elternteil zur festgelegten Zeit schon alleine isst und Klaus dann ebenfalls alleine sein lauwarmes Essen bekommt. Davon sind sicherlich keine gesundheitlichen Schäden zu erwarten. Er spürt aber, dass etwas passiert, wenn er zu spät kommt, und dass er nicht alles machen kann, was ihm gefällt. Er muss damit rechnen, dass ihm die Folgen aus seinem Verhalten selbst nicht passen. Konsequenzen zu zeigen bedeutet auch, dass Sie Sicherheit ausstrahlen. Sie stehen für die Dinge ein, die Sie sagen, Sie wissen, was zu tun ist. Für das Kind bedeutet das auch ganz klar: Auf Sie ist Verlass.

Weitere Möglichkeiten für logische Konsequenzen sind:

Verhalten des Kindes	Logische Konsequenz
Das Kind räumt trotz mehrfacher Hinweise seine Spielsachen nicht vom Esstisch.	Die Spielsachen werden von den Eltern weggeräumt und für eine Woche verwahrt. Erst dann darf das Kind wieder damit spielen.
Das Kind hampelt bei Tisch immer herum und verschüttet dadurch etwas.	Es muss aufstehen, einen Lappen holen und selbst sauber machen.
Das Kind verhält sich beim Essen unappetitlich.	Es wird mit seinem Essen hinausgeschickt und muss alleine essen.

Auch wenn es für Sie als Eltern im ersten Moment hart erscheint: Konsequenzen zu zeigen, ist sehr wichtig für die Ent-

wicklung des Kindes. Nur dann kann ein heranwachsender Mensch lernen, dass er in einer Gesellschaft nicht ausschließlich nach seinen eigenen Bedürfnissen und Neigungen leben kann. Lernt er es nicht als Kind zu Hause, wird er schon in der Schule große Probleme haben und sich unter Umständen sehr wundern, dass ihm bei der Lehrstelle seines Traumberufs schon nach einer Woche gekündigt wird, weil er bereits am vierten Arbeitstag zehn Minuten zu spät kam.
Diese drei Bedingungen müssen bei logischen Konsequenzen erfüllt sein, damit Ihre Bemühungen Früchte tragen:

1. Die Konsequenz muss **sofort** erfolgen.
2. Sie muss **jedes Mal** zu spüren sein.
3. Sie darf weder zu heftig noch zu schwach, sondern muss **angemessen** sein.

Ihr Kind muss sowohl die Regeln kennen, die deutlich, klar und nachvollziehbar sein müssen, als auch die Konsequenzen, die es zu erwarten hat, wenn es die Regeln nicht einhält. Haben Sie als Eltern so für einen Rahmen gesorgt, können Sie das Kind bei einem Brechen der aufgestellten Regel fragen: „Wie heißt die Regel?" Viele Kinder antworten dann nicht oder nuscheln etwas vor sich hin. Hier sind wieder Geduld und Ausdauer gefragt. Fragen Sie genau drei Mal nach. Antwortet das Kind nicht, so sagen Sie selbst: „Wir setzen uns alle aufrecht an den Tisch." Wenn das Kind sich dann nicht ordentlich hinsetzt, können Sie weiterfragen: „Und was passiert jetzt?" Auch hier können Sie drei Mal fragen. Es ist anstrengend, aber Sie helfen damit dem Kind, sich darüber im

Klaren zu sein, dass es bei Nichteinhalten Konsequenzen spüren wird. Sagen Sie also, wenn keine Antwort kommt, selbst: „Dann musst du wieder alleine essen." Im dritten und letzten Schritt fragen Sie das Kind, wieder maximal drei Mal: „Möchtest du dich lieber ordentlich hinsetzen oder alleine essen?"
Wichtig ist es, Konsequenzen nicht nur als etwas Unangenehmes zu vermitteln. In vielen Fällen funktioniert es auch sehr gut, angenehme Konsequenzen für eine wünschenswerte Handlung aufzuzeigen. Auch hier sollten die Konsequenzen in einem direkten und logischen Zusammenhang zur Situation stehen.

Beispiele:

Kind	Reaktion der Eltern
„Ich will aber keinen Dankesbrief an Oma schreiben."	„Wenn du damit fertig bist, dann können wir draußen zusammen Fußball spielen."
„Ich hab aber keine Lust, die Legosteine aufzuräumen."	„Wenn du alle wieder schön eingesammelt hast, dann kannst du gerne etwas anderes zum Spielen ins Wohnzimmer bringen."
„Warum muss immer ich die Teller in die Küche bringen?"	„Wenn der Tisch wieder frei ist, dann können wir zusammen deine Laterne basteln."

Sorgen Sie gerade bei kleineren Kindern dafür, dass es auch ein Belohnungssystem gibt, das sichtbar und greifbar ist. Gerade bei Verhalten, das über einer längeren Zeitraum Schwierig-

keiten geboten hat, ist es ein guter Anreiz, sich anzustrengen. Manche Eltern hängen zum Beispiel an einer gut sichtbaren Stelle für jedes Kind der Familie eine Kette mit Holzperlen auf. Jedes Mal, wenn die Problemsituation gut bewältigt wurde, wird eine Holzperle auf die Kette gefädelt. Bei fünf, zehn oder 20 Holzperlen gibt es dann eine vorher fest vereinbarte Belohnung. Je kleiner die Kinder sind, desto weniger Holzperlen sollten zu einer Belohnung führen. Dinge, die zu weit in der Zukunft liegen, sind noch zu abstrakt für sie. Bei Teenagern können es durchaus 50 oder 100 Perlen sein, die dann zu einer größeren Belohnung führen. Das funktioniert nur, wenn die Belohnung dem Kind auch gefällt und es sich etwas wirklich wünscht.
In anderen Familien ist ein Belohnungsplan üblich, der ebenfalls für alle gut sichtbar in der Wohnung hängt.

Beispiel:

	Mo	Di	Mi	Do	Fr	Sa	So
Ganz alleine die Hände vor dem Essen waschen.							
Ohne Aufforderung den Tisch decken.							
Die Spielsachen vor dem Abendessen aufräumen.							
Freundlich miteinander reden.							
„Bitte“ sagen, wenn ich etwas möchte.							
Appetitlich essen.							

Praxistipps

1. Zeigen Sie dem Kind, dass Regelübertretung im Leben Konsequenzen birgt, die direkt aus seiner Handlungsweise stammen.
2. Prüfen Sie kritisch, warum Ihr Kind permanent eine ganz bestimmte Regel nicht einhält.
3. Geben Sie sich nicht der Illusion hin, es werde sich schon von selbst wieder einrenken.
4. Schaffen Sie positive Konsequenzen als Anreiz.
5. Überlegen Sie in aller Ruhe und außerhalb von kritischen Situationen, welche Dinge Ihr Kind immer wieder missachtet und welche Konsequenzen Sie dafür in Zukunft schaffen wollen.

Beispiel:

Verhalten des Kindes	Negative Konsequenz	Positive Konsequenz	Wo 1	Wo 2	Wo 3	Wo 4

In den vier schmalen Spalten können Sie über vier Wochen lang eintragen, wie oft die Situation pro Woche aufgetreten ist. So haben Sie eine direkte Kontrolle darüber, ob sich etwas ändert oder nicht. Sollte der Stand nach vier Wochen gleich geblieben sein, dann können Sie über andere Konsequenzen oder eine neue Strategie nachdenken.

Rituale des Alltags

Karin staunt, als sie ihre Freundin Sabine, die sie aus der Grundschule kennt, das erste Mal besucht. Als ein Gongschlag ertönt, lässt die Freundin die Spielsachen fallen und zieht den Gast ins Badezimmer, um sich dort gemeinsam mit ihr die Hände zu waschen. Sabine geht dann in die Küche und holt zwei Untersetzer, die sie im Esszimmer auf den Tisch legt. „Das ist meine Aufgabe", erklärt sie Karin. „Mein Bruder muss immer Besteck und Geschirr holen." Als die Kinder sich setzen, stellt Karin fest, dass jeder in der Familie einen eigenen Serviettenring mit seinem Namen darauf hat. Als alle sitzen, wird eine Kerze angezündet. Dann erklärt der Vater, was es heute zu essen gibt. Jedem wird der Reihe nach etwas auf den Teller gelegt. „Bitte fangt an", sagt Sabines Mutter. Karin schämt sich ein wenig, als sie feststellt, dass sie die Einzige ist, die in diesem Augenblick schon die Gabel in der Hand hatte. Beim Essen darf jeder der Reihe nach erzählen, was tagsüber so passiert ist. Karin ist als Gast zuerst dran, dann kommt Sabine, anschließend ihr Bruder und zum Schluss die Eltern. Als alle mit dem Essen fertig sind, wird besprochen, welche Wünsche es für das Essen am nächsten Tag gibt. In der Küche hängt eine Liste, wer an welchen Tagen mit dem Abräumen des Geschirrs dran ist. Bei Karin zu Hause holt sich jeder immer dann etwas aus der Küche, wenn er Hunger hat, und isst es dort, wo er gerade mag.

Vorbei sind die Zeiten, als Rituale sinnentleert und starr in Familie und Öffentlichkeit praktiziert wurden. Nach Jahren einer starken Ritualkritik hat sich nun wieder das Bewusstsein durchgesetzt, dass die vielen kleinen Rituale des Alltags wichtig für soziales Lernen sind. Rituale stiften im Alltag

Sinn, stärken die Gemeinschaft und den Zusammenhalt, sie vermitteln Orientierung und Halt. Sie geben nicht nur jedem Tag, sondern auch dem Jahr und bestimmten Lebensabschnitten Rhythmus und Struktur.
Durch feste Abläufe in Ihrer Familie geben Sie Ihren Kindern das, was sie brauchen: Orientierung und Struktur. Sind die Hilfeleistungen der Kleinen in bestimmte, immer wiederkehrende Abfolgen eingebunden, schaffen Sie mit der Zeit einen Automatismus. Dadurch lernt das Kind, was von ihm erwartet wird, und es kann selbstständig seine Aufgaben erledigen.

Das gemeinsame Familienessen ist nicht museumsreif!

'Liebe Kinder gebt gut acht! Nein – diese Bild zeigt uns kein besonderes Feiertagsritual, sondern ein ganz alltägliches Abendbrot, bei dem sich früher die ganze Familie um den Tisch versammelte.'

Ein gemeinsames Essen gehört zu den wichtigsten täglichen Ritualen.

Feste Bestandteile von gemeinsamen Mahlzeiten, dem sonntäglichen Frühstück oder Feiern im Jahresrhythmus schaffen bleibende Erinnerungen, die später zu sehr schönen Erinnerungen werden: wie Sie immer im Sommer auf dem Rasen gepicknickt haben, wer immer den Christbaum auf welche Weise schmückte und wie schön der Tisch immer mit den alten Kerzenleuchtern aussah.

Praxistipps

1. Geben Sie dem Alltag Ihrer Kinder, vor allem bei den Mahlzeiten, sinnvolle Rituale, die den Tag und die Gemeinsamkeit schöner machen.
2. Binden Sie wünschenswerte Verhaltensweisen wie Hilfeleistungen, Ordnung oder Pünktlichkeit in Rituale ein und erleichtern Sie sich und Ihren Kindern damit die Gewöhnung und Umsetzung.
3. Sorgen Sie für Routineabläufe.
4. Helfen Sie den Kindern, die schon lesen können, indem Sie einen Zettel mit den Routineaufgaben oder festen Uhrzeiten in die Kinderzimmer hängen.

„Das tut man nicht“

Sebastian, sieben Jahre, sitzt mit seinem Vater am Tisch. Der kleine Junge musste aufstoßen und hat nun großes Vergnügen daran, es erneut und mit Absicht immer wieder zu tun. „Hör auf damit“, sagt sein Vater genervt. „Warum denn?“ „So was tut man einfach nicht“.

Fast alle Eltern kennen die Phasen, in denen ein Kind bei allem „warum“ fragt. Das kann ganz schön anstrengend sein. Wenig hilfreich ist, sich dann in eine Verteidigungshaltung zu begeben oder das Kind mit einem „Das tut man nicht“ abzuspeisen. Gerade bei den Umgangsformen ist es wichtig, dem Kind zu erklären, aus welchen Gründen es ein bestimmtes Verhalten unterlassen und ein anderes unbedingt zeigen soll. Ihr Kind muss lernen, wodurch es andere Menschen verletzen oder verärgern kann, wann es rücksichtslos ist und wie es einer anderen Person den Appetit verdirbt. Es muss verstehen, dass es durch sein Verhalten andere stören, enttäuschen oder erfreuen kann und dass es durch sein Benehmen dafür sorgt, ob es beliebt oder unbeliebt ist. Erklären Sie also Ihrem Kind, dass ein lautes Aufstoßen bei Babys deshalb begrüßt wird, weil es für die Eltern ein wichtiges Signal ist. Sobald aber ein Kind mit anderen am Tisch sitzt, muss es sich so verhalten, dass es die anderen Esser nicht stört und ihnen den Appetit nicht verdirbt.

Zeigt Ihr Sohn oder Ihre Tochter ärgerliches Benehmen, so untersagen Sie dieses nie mit dem Hinweis „weil man das nicht tut“, sondern erklären Sie:

- „Weil es mich stört.“
- „Weil es mir den Appetit verdirbt.“
- „Weil ich dann keinen Platz habe.“
- „Weil dann die anderen keinen Kuchen mehr bekommen und traurig sind.“
- „Weil ich sonst immer über deine Kleidung auf dem Fußboden stolpere.“ Und so weiter.

Nur so können Sie dafür sorgen, dass Ihr Kind Ihre Regeln langfristig als Hilfen des Zusammenlebens akzeptiert. Durch ein beständiges Spiegeln der Verhaltensweisen und den Hinweis, wie andere Menschen empfinden, kann Ihr Kind Rücksicht und Einfühlungsvermögen entwickeln – auch wenn es in eine Situation gerät, für die es keine festen Regeln gibt. Nur wenn Kinder verstehen, wie es sich für andere anfühlt, wenn Regeln des Umgangs verletzt werden, können sie Einfühlungsvermögen entwickeln.

Praxistipps

1. Erklären Sie Ihrem Kind immer wieder, dass auch andere Menschen Gefühle haben und wie sich eigenes Verhalten auf andere Menschen auswirkt.
2. Sprechen Sie in der „Ich-Form“ darüber, warum Sie bestimmtes Verhalten nicht wünschen, und vermeiden Sie „das tut **man** nicht“.
3. Vergessen Sie nicht, dass es beim Erlernen von Umgangsformen nicht darum geht, einfach nur Regeln zu beherrschen, sondern dass diese Ihr Kind dazu zu befähigen, dass es ein umsichtiger und rücksichtsvoller Mensch wird, der die Gefühle anderer einschätzen kann und von ihnen geachtet wird.
4. Passen Sie Ihre Erklärungen dem Alter des Kindes an. Ein Kleinkind versteht nicht, warum es sich die Hände waschen soll. Ein Grundschulkind kann nichts mit dem Spruch anfangen, dass es fürs Leben lernt, nicht für die Schule.

Kinder liebevoll korrigieren

Familie Schöller besucht Tante Gerda. Schöllers ist gutes Benehmen sehr wichtig, deshalb werden die Kinder vor dem Besuch instruiert. Vor allem der kleinere der beiden Jungen wird ermahnt: „Blamier uns bloß nicht wieder wie beim letzten Mal. Nimm dir bitte ein Beispiel an deinem Bruder, der benimmt sich wenigstens ordentlich." Als die Familie bei Tante Gerda ankommt, heißt es ständig: „Sei lieb ...", „sei brav ...". Auch der Hinweis „Wie heißt das Zauberwort?" kommt des Öfteren.

Vergleiche mit anderen Kindern fördern nur Trotzreaktionen. Beziehen Sie Ihre Kritik deshalb immer auf das, was Ihr Kind macht, ohne eine dritte Instanz ins Spiel zu bringen. Permanentes Herummeckern am Kind führt nur dazu, dass es lernt, auf Durchzug zu schalten. Sie erreichen eher das Gegenteil von dem, was Sie sich gewünscht haben. Zudem erzeugen ständige Ermahnungen beim Dauerkritisierten Verunsicherung.

Achten Sie darauf, dass Sie Ihre Ermahnungen nicht gebetsmühlenartig vor sich hinmurmeln, sondern klar und deutlich formulieren, was Sie stört und was genau Sie nun erwarten. Setzen Sie dabei auch eine klare Körpersprache ein: Blicken Sie das Kind fest an, ändern Sie Ihre Stimmlage und achten Sie darauf, dass Ihr Körper Festigkeit zeigt.

Sprechen Sie mit dem Kind vor einer Situation darüber, was Sie erwarten. Erklären Sie, was genau bei einem bestimmten Verhalten des Kindes für andere unangenehm sein kann. Stellen Sie klare Regeln auf.

Zeigen Sie Ihren Kindern auch, dass es sich lohnt, die Hinweise der Eltern zu respektieren. Loben Sie immer, wenn alles gut geklappt hat. Geben Sie dem Kind damit die Chance, Selbstbewusstsein zu entwickeln. Fördern Sie somit seine Motivation.

Freuen Sie sich über fremdes Lob uneingeschränkt – und loben Sie selbst auch.

So bitte nicht:

- „Gib das schöne Händchen."
- „Sei brav und sag ‚Guten Tag'."
- „Sei lieb und bedanke dich bei Tante Gerda."
- „Wie heißt das Zauberwort?"
- „Nimm dir ein Vorbild an deinem Bruder!"
- „Blamier uns bloß nicht wieder."
- „Du tust, was ich dir sage."
- „Das tut man nicht."
- „Das gehört sich nicht."
- „… weil ich es dir sage."
- „Zur Strafe darfst du nie wieder …"

Wichtig ist es, korrigierende Äußerungen klar auszusprechen. Es ist schon für Erwachsene oft schwierig, einen als Kritik empfundenen Kommentar als präzise Handlungsaufforderung einzuordnen. Für Kinder ist es noch schwieriger.

Beispiele:

Unklare Aufforderung	Klare Aufforderung
„Was ist das denn für ein Chaos?"	„Räum bitte deine Spielsachen aus dem Wohnzimmer weg."
„Deine Hose ist schmutzig."	„Zieh dir bitte sofort eine saubere Hose an."
„Die Messer fehlen ja auf dem Tisch."	„Bitte decke noch für jeden von uns ein Messer ein."

Viele Eltern haben nur das störende Verhalten des Kindes im Kopf, wenn sie eine Änderung erzielen wollen. Problematisch ist dabei, dass die meisten Menschen nur wenig auf negative Formulierungen ansprechen. Bei einem Satz, der in die Richtung von „mache dies oder jenes **nicht**“ geht, ist das Unterbewusstsein auf genau den Punkt orientiert, der eigentlich vermieden werden soll.
Trainieren Sie sich deshalb an, Ihre Aufforderungen positiv auszudrücken.

Beispiele:

Negative Formulierung	Positive Formulierung
„Lass doch nicht immer alles hinter dir stehen und liegen.“	„Hebe bitte deine Spielsachen alle vom Boden auf. Ich möchte, dass du alles wieder mitnimmst, wenn du mit dem Spielen fertig bist.“
„Komm nicht wieder zu spät.“	„Wir essen heute um 18.00 Uhr. Ich erwarte von dir, dass du pünktlich kommst.“
„Klecker doch nicht so rum.“	„Iss bitte deine Suppe ordentlich, damit dein Platz nach dem Essen noch appetitlich aussieht.“

Praxistipps

1. Kritisieren Sie immer das Verhalten, nicht die Person.
2. Ermahnen Sie möglichst nicht vor anderen Personen und vermeiden Sie, Ihre Kinder zu demütigen.
3. Setzen Sie Stimme und Körpersprache ein, um Ihrer Kritik Nachdruck zu verleihen.
4. Vergessen Sie nicht, Ihr Kind zu loben, wenn es Abmachungen und Regeln einhält.
5. Vermeiden Sie endgültige Formulierungen wie „nie wieder".
6. Prüfen Sie kritisch: Wann bekommt Ihr Kind mehr Aufmerksamkeit von Ihnen – wenn es erwünschtes oder wenn es unerwünschtes Verhalten zeigt?
7. Formulieren Sie klar und positiv, was Sie sich wünschen.

Übungen

1. Fragen Sie sich jeden Abend: Habe ich genug gelobt? Wann hätte ich noch eine positive Rückmeldung geben können?
2. Schaffen Sie für sich die Analogie des „Lebenslehrers" und überlegen Sie, wie Lehrer für andere Gebiete erfolgreich ihr Wissen vermitteln. Kein guter Lehrer für Tanz, Musik, Malerei, eine Sportart oder Fachwissen sagt einem Lernenden: „Mach es einfach, wie du willst." Kein guter Coach wird die Frage auf ein „Warum?" mit einem Achselzucken oder „ist halt so", „macht man eben nicht" beantworten. Kein guter Trainer wird Fehler unkommentiert und unkorrigiert lassen. Beobachten Sie gute Lehrer, Trainer, Coaches und versuchen Sie, etwas davon auch für sich mitzunehmen.

Positives Verhalten verstärken: Ermutigend Feedback geben

Entmutigende Formulierung: So bitte nicht!	Ermutigende Formulierung: So lernt Ihr Kind!
„Du hast die Legosteine ja schön wegsortiert. Sonst liegen die ja immer überall herum.“	„Du hast die Legosteine ja schön wegsortiert. Ich freue mich, dass es hier so ordentlich aussieht.“
„Schön, dass du die Suppe heute mal ohne Kleckern gegessen hast. Wäre ja toll, wenn das mit dem anderen Essen auch noch klappen würde.“	„Schön, dass du die Suppe heute ohne Kleckern gegessen hast. Ich bin stolz auf dich, dass du nun schon so groß bist und so appetitlich essen kannst.“
„Wenn deine Freunde zu Besuch kommen, begrüßt du sie immer so nett. Wieso kannst du das nicht auch mit unseren Gästen machen?“	„Wenn deine Freunde zu Besuch kommen, begrüßt du sie immer so nett. Ich bin sehr glücklich, dass du so freundlich mit Menschen umgehst.“
„Toll, dass du dich bei Oma schon für das Geschenk bedankt hast. Das muss ich mir glatt im Kalender eintragen. Ist ja das erste Mal, dass es von selber geht.“	„Toll, dass du dich bei Oma schon für das Geschenk bedankt hast. Das hast du wirklich gut gemacht. Sicher hat sie sich darüber sehr gefreut.“

Typische Fehler von Eltern, die schlechtes Benehmen von Kindern ändern möchten

1. Körperliche Gewalt

Beispiel: *Schläge, schütteln etc.*

Die Folgen: Ihr Kind wird dadurch gedemütigt und erinnert sich daran, dass das Lernen von Freundlichkeit, Höflichkeit und guten Umgangsformen etwas Unangenehmes ist. Vielleicht wirkt es anfangs, weil das Kind Angst hat. Es wird aber möglicherweise entweder später – wenn es aus dem Haus ist – das Erlernte wieder weglassen oder sein Leben lang „brav" bestimmtes Verhalten zeigen. Zu souveränem, aufmerksamem und stilvollem Benehmen führt es sicher nicht.

2. Drohungen

Beispiel: *„Wenn du nicht endlich pünktlich zum Essen kommst und dich bei Tisch vernünftig verhältst, dann musst du ins Internat."*

Die Folgen: Ihr Kind ändert möglicherweise sein Tun. Das geschieht dann aber aus Furcht und nicht aus Überzeugung. Es ist wichtig, dass Ihr Kind ein umfassendes Verständnis dafür bekommt, **warum** bestimmtes Verhalten nötig ist. Nur dann kann es nicht nur in den zu Hause erlebten Situationen gutes Benehmen zeigen, sondern auch in anderen Zusammenhängen ein Gespür dafür entwickeln, was angemessen ist.

Eine weitere Folge kann sein, dass das Kind die Hilflosigkeit der Eltern spürt und nun erst recht Machtkämpfe bei allen anderen sich bietenden Gelegenheiten ausbrechen.

3. Strafen

Beispiel: *„Weil du wieder Tante Erna nicht ordentlich begrüßt hast, darfst du eine Woche nicht fernsehen."*

Die Folgen: Möglicherweise wird der Sprössling nun einknicken und sein Verhalten ändern. Eine Verhaltensänderung, die durch Vermeiden von Unangenehmem erfolgt, hat bei fast allen Menschen nur kurzfristigen Erfolg und wird sich im Regelfall auch nur auf dieses konkrete Verhalten unter den bereits erlebten Umständen beziehen. Verständnis für die Gründe und eine Anwendung der Regeln auf andere, andersgeartete Situationen wird somit nicht entwickelt.

4. Schreien

Die Folgen: Manche Kinder freuen sich regelrecht daran, dass sie die Eltern mal wieder so weit gebracht haben. Es gibt ihnen ein Gefühl der Macht, da sie sehr genau spüren, dass Schreien für viele Eltern eine Verzweiflungstat ist. Andere Kinder sind eingeschüchtert. Gutes Benehmen erlernen sie in keinem der beiden Fälle.

5. Vergleiche

Beispiel: *„Nimm dir gefälligst ein Beispiel an deinem Cousin. Der ist immer sehr höflich."*

Die Folgen: Ihr Kind wird automatisch das Gefühl bekommen, dass Sie andere Kinder mehr mögen und diese einfach „irgendwie besser" sind. Wenn Sie solche Sätze öfter gebrauchen, dann hat Ihr Kind wenig Chance, ein Selbstwertgefühl zu entwickeln. Auch hier kann es geschehen, dass ein Kind nun umso mehr versucht, Aufmerksamkeit bei den Eltern zu bekommen – wie auch immer.

6. Abwertende Kommentare

Beispiel: *„Natürlich ist mein Herr Sohn mal wieder nicht in der Lage, mit sauberer Kleidung zu erscheinen. Ich möchte mal wissen, womit ich solch ein Kind eigentlich verdient habe. Eine Strafe des Himmels ist das."*

Die Folgen: So wird nicht nur das Selbstvertrauen des Kindes zerstört, sondern auch das Verhältnis zwischen Eltern und Kind. Ein Kind, das sich so abgelehnt fühlt, kann von den Eltern nicht mehr wirklich etwas lernen und annehmen. Grundvoraussetzung für Lernen ist Identifikation.

7. Vorwürfe und Vorhaltungen

Beispiel: *„Das darf doch nicht wahr sein. Jetzt kommst du schon wieder mit dem Kaugummi im Mund zu Tisch. Dabei habe ich dir das schon tausend Mal gesagt, dass das nicht geht."*

Die Folgen: Sie sagen Ihrem Kind nur das, was es gerade tut – mehr nicht. Es spürt keine Konsequenz für sein Verhalten und erlangt auch nicht mehr Einsicht. Das Einzige, was das Kind hier bekommt, ist Aufmerksamkeit von Ihnen. Sehr oft ist es genau das, was Kinder durch Regelverstöße erreichen wollen. Sind sie damit erfolgreich, werden sie nur ermuntert, weiter so vorzugehen.

8. Beschimpfungen

Beispiel: *„Du bist einfach ein hoffnungsloser Schlamper. Einfach widerlich, wie du schon wieder rumläufst. Wie ein Penner."*

Die Folgen: Verachtung, Ablehnung und Genervtheit sprechen aus diesen Sätzen. Ein Kind spürt das. Wie soll es da die Motivation finden, sich zu ändern?

9. Ankündigung ohne Folgen

Beispiel: *„Wenn du nicht sofort aufhörst, so am Tisch herumzuhampeln, dann setzt es was."*

Die Folgen: Kinder spüren meist sehr gut, ob die Eltern vorher darüber nachgedacht haben, was dann konkret passieren soll, wenn der Aufforderung nicht Folge geleistet wird. Sie wissen oft auch aus Erfahrung, dass bei Sätzen wie „Dann passiert aber was", „Dann setzt es was", „Dann wirst du schon sehen" einfach rein gar nichts passiert. Sie werden deshalb ihr Verhalten entweder gar nicht oder nur für einen kurzen Moment einstellen.

10. Das Kind ignorieren

Beispiel: *Kathrin Schulze hat Besuch von ihrer Freundin Sara Weitzer. Sie wollen gemütlich Kaffee trinken und haben sich viel zu erzählen. Während die beiden Frauen nun Kaffee trinken, unterbricht die Tochter alle zehn Minuten: „Mama, Mama, ich muss dir mal was erzählen." Die Mutter, die ihrem Kind schon oft gesagt hat, sie dürfe nicht andere im Gespräch unterbrechen, ignoriert das Verhalten und unterhält sich weiter mit der Freundin.*

Die Folgen: Das Kind wird vermutlich so lange weiter machen, bis der Mutter irgendwann der Kragen platzt. Gelingt dies nicht, dann wird sich die Tochter vielleicht etwas anderes ausdenken, um die gewünschte Aufmerksamkeit zu erlangen.

11. Keine Konsequenzen

Beispiel: *Der Vater sagt: „Stephan, bitte deck den Tisch." Kurz darauf: „Stephan! Deck den Tisch!" Etwas später: „Stephan! Du sollst den Tisch decken." Und so weiter. Irgendwann wird die Zeit knapp, sodass der Vater selbst deckt. Die Familie setzt sich hin, alle essen, das Thema des Tischdeckens wird nicht weiter verfolgt.*

Die Folgen: Das Kind lernt, dass es eigentlich egal ist, ob es einer Aufforderung Folge leistet oder nicht. Es scheint den Eltern nicht besonders wichtig zu sein, ob es hilft oder nicht. Wenn die Hilfe aber nicht wirklich benötigt wird, warum sollte es dann etwas machen? Es klappt doch auch so sehr gut.

12. Warum-Fragen

Beispiel: *„Warum kannst du den Tisch nicht einmal so decken, wie wir es so oft geübt haben?"*

Die Folgen: Kinder wissen nicht, was sie darauf antworten sollen. Wenn sie etwas sagen, dann Dinge wie „darum eben" oder „weiß nicht". Eben weil es auf solche Fragen keine plausible Antwort gibt.

13. Betteln und inständig bitten

Beispiel: *„Würdest du bitte endlich aufhören, mit dem Essen zu spielen? Du bist doch mein Liebling, mach es bitte wenigstens mir zuliebe."*

Die Folgen: Das Kind nimmt Sie nicht ernst, Sie machen sich vor dem Kind klein und erflehen quasi eine Gnade, die es Ihnen netterweise gewährt. Damit geben Sie Ihrem Kind sehr viel Macht in die Hand.

Aber: Es ist völlig in Ordnung, wenn Sie Ihr Kind freundlich um etwas bitten. Doch das ist hier nicht gemeint.

14. Du-Botschaften

Beispiel: *„Du bist schon wieder unpünktlich."*

Die Folgen: Du-Botschaften werden von Kindern und Erwachsenen als Angriff auf die Person verstanden und schüren so erst recht Widerstand. Verständnis, warum die Handlung unerwünscht ist und welche Gefühle dies beim anderen hervorruft, kann dadurch nicht geweckt werden.

Die extra Praxistipps: Letzte Hilfen, wenn gar nichts gewirkt hat

Paradoxe Intervention – genau das Gegenteil machen

Gerade schwierige Situationen, die über lange Zeit nicht gut klappen, schaukeln sich oft hoch und bergen ein enormes Potenzial an Konflikten und aufgeheizten Emotionen. Wenn alle anderen Tipps versagt haben und keinerlei Besserung zu sehen ist, kann es durchaus sinnvoll sein, mit einer paradoxen Intervention ein wenig „Luft aus der Sache" zu nehmen.

Dabei geben Sie genau das als Anweisung, was sonst streng untersagt ist. Wichtig ist dabei nur, dass Sie es als Ausnahme formulieren. Im Prinzip ist es dasselbe, als wenn es immer gesundes Essen gibt, aber als Ausnahme auch mal Pommes erlaubt sind. Oft stellt sich der Effekt ein, dass die so verbotenen Dinge nicht mehr so interessant sind.

Beispiel: Ihr Kind schlürft immer wieder seine Getränke und seine Suppe. Sie haben alles versucht, ihm das abzugewöhnen. Dann überraschen Sie es eines Tages. „Heute machen wir mal ein Wettschlürfen. Ich bin mal gespannt, wer von uns beiden länger und lauter schlürfen kann." Nach dem Essen können Sie es loben, wie gut es das kann und feststellen: „Toll, dass das so gut geklappt hat. Morgen essen wir wieder richtig. Ich bin gespannt, ob du das genauso gut kannst."

Spiegeln Sie das Verhalten in einem anderen Zusammenhang

Wenn sich ein Verhalten über längere Zeit nicht ändert, dann fehlt es oft an der nötigen Einsicht, warum es sich überhaupt ändern sollte. Manchmal mangelt es auch an der Vorstellung, was anders wäre, wenn sich das Verhalten ändern würde.

Haben die Erklärungen nichts gefruchtet, dann ist es den Versuch wert, das übliche Szenario in einem ganz anderen Zusammenhang darzustellen. Dazu eignen sich vor allem Puppentheater und erzählte Geschichten. Kinder haben sehr viel Fantasie. Manchmal muss man sie danach gar nicht fragen, woran sie die Geschichte erinnert. Es gibt verschiedene Möglichkeiten, das Erlebte verfremdet darzustellen.

a) Puppentheater

Ein Puppentheater bietet eine gute Gelegenheit, die Geschichte nicht als die eigene, sondern als die vom frechen Kasper zu erzählen. Da kann man dann deutlich die Reaktionen der anderen betroffenen Personen darstellen, die das Kind sonst vielleicht auch nicht sieht oder hört: wie sie aufräumen, sauber machen, warten oder suchen müssen. Wie traurig sie sind, weil jemand ein Versprechen gebrochen hat, zu spät gekommen ist, einen Geburtstag vergessen, unfreundliche Sachen gesagt oder nicht gegrüßt hat.

b) Geschichten erfinden und als Märchen erzählen

Beispiel: *Frau Rotbaum hat immer Probleme mit ihrer Tochter Claudia, sieben Jahre. Sie kommt so gut wie nie pünktlich zum Essen und trödelt immer. Die anderen müssen dann warten oder schon alleine anfangen.*

Eines Abends erzählt sie der Tochter folgende Geschichte, die sie sich selbst ausgedacht hat:

Mitten im Wald, auf einer wunderschönen, großen Wiese mit vielen bunten Blumen lebt eine glückliche Hasenfamilie: Hasenmutter, Hasenvater und zwei kleine Hasenmädchen. Auf der schönen Wiese ist es herrlich ruhig und friedlich. Appetitliche Kräuter und Gräser bieten genug zu essen. Die Hasenfamilie wohnt in einem großen Bau mit vielen Gängen und Höhlen, in dem es kuschelig warm ist. Aber heute sieht man die Hasenmama weinen. Sie ist sehr traurig. Sie hat schon lange nach ihrer Kleinsten gerufen und sie überall gesucht. Denn wie jeden Abend wollen sie zusammen vor dem

Schlafengehen noch ein paar Kräuter naschen. Doch das Hasenmädchen ist wie vom Erdboden verschluckt. Die Hasenmama macht sich große Sorgen. Vielleicht war der Fuchs da und hat das kleine Hasenmädchen mitgenommen? Oder vielleicht hat es sich irgendwo in dem Bau verlaufen und findet den Weg nicht mehr? Vielleicht ist auch an einer Stelle ein Stück vom Gang eingestürzt und das kleine Hasenmädchen ist nun hilflos in der Dunkelheit gefangen …

Der Hasenpapa sitzt da und schaut nachdenklich auf die Wiese. Vor ihm liegen die leckersten Kräuter. Doch er hat keinen rechten Hunger. Wo nur sein kleines Hasenmädchen bleibt! Er schüttelt den Kopf und schlackert mit seinen langen Ohren. Solche Sorgen.

Auch das zweite Hasenmädchen hat keinen Appetit. Ohne die Schwester ist es einfach nicht so lustig. Sie haben sonst oft um die Wette gesucht, wer die meisten gelben Blumen findet. Jetzt nascht sie nur ein wenig hier und ein wenig dort.

Die Sonne geht nun langsam unter. Bald ist es zu spät, um noch etwas zu essen; die Hasenfamilie muss in den Bau.

Plötzlich hört sie hinter sich ein merkwürdiges Geräusch. Der Boden wackelt ein wenig und direkt vor ihren Füßen schaut das kleine Hasenmädchen aus dem Boden. „Guckt mal, ich habe selber einen Gang gegraben. Ganz alleine!“

Überglücklich kommen alle herbei. Ein wenig hungrig gehen nun alle zusammen in den Bau zurück. Das Hasenmädchen schämt sich, weil es seiner Familie solchen Kummer bereitet hat. Es verspricht ganz fest, dass es nächstes Mal pünktlich zum Kräuter naschen da sein wird. Seinetwegen soll die Hasenfamilie nicht mit den guten Sachen warten müssen. Gemeinsam schmeckt es allen am besten!

Vermittlung von Werten

„Höflichkeit ist eine Zier, doch weiter kommt man ohne ihr"? Nein, auf keinen Fall! Vermitteln Sie Ihren Kindern die Werte, die Ihnen wichtig sind. Damit bringen Sie sie in die richtige Startposition fürs Leben.

Werte als Grundlage der Erziehung

Werte drücken aus, was in einer Gemeinschaft von Menschen für wichtig gehalten wird. Das kann durchaus Unterschiedliches sein, wie zum Beispiel: Freiheit, Selbstständigkeit, Solidarität, Verantwortung, Gleichheit, Gerechtigkeit, Leistung, Pflichtbewusstsein, Menschenwürde, Ehrlichkeit, Zuverlässigkeit, Bescheidenheit, Stolz, Mut, Mitmenschlichkeit, Fairness, Friedfertigkeit, Höflichkeit, Loyalität, Ordnung, Pünktlichkeit, Selbstverwirklichung, Toleranz, Sicherheit, Treue und so weiter.

Die Werte unterscheiden sich nicht nur innerhalb der verschiedenen Kulturen, wo sie durch politische Systeme und Religionen bestimmt werden, sondern auch innerhalb dieser Systeme in den unterschiedlichen sozialen Bereichen. In der Schule oder auf einer Behörde verhalten wir uns aufgrund der erwarteten Werte anders als beispielsweise innerhalb der Familie. So ist es in den meisten Familien normal, wenn die Kinder ein Elternteil mit „Hallo Mama" oder „Hallo Papa" begrüßen. Und es gehört vielleicht zum Familienritual, wenn

das heimgekehrte Schulkind als erstes seine Erlebnisse des Vormittags hervorsprudelt. Beim Betreten eines Büros, in der Schule oder bei einer Behörde ist weder ein „Hallo" noch ein ungefragtes Herausplatzen mit den Tagesereignissen erwünscht.
Es gibt also ein familienübergeordnetes Wertesystem und ein familieneigenes. Da unsere Kinder sich nicht nur zu Hause, sondern auch in der Gesellschaft – außerhalb des Familienkreises – zurechtfinden müssen und verantwortungsvolle und erfolgreiche Mitmenschen werden sollen, müssen Eltern und Erzieher ihnen diese Richtlinien vorleben und erklären. Diesen Vorgang nennen wir Sozialisation.
Es ist wichtig, dass Kinder in einer Umgebung aufwachsen, in der Werte bewusst gelebt werden. Nur so ist möglich, dass Kinder ein grundlegendes Gefühl für die Dinge bekommen, die hinter den Verhaltensspielregeln des Alltags stehen. Erziehung mit Werten gibt den Eltern die Möglichkeit, zu erklären, wofür bestimmte Regeln dienen: dem gegenseitigen Respekt, dem Übernehmen von Verantwortung oder der Mitmenschlichkeit. Wächst ein Kind in einer Familie auf, in der beispielsweise der Wert „Toleranz" sehr wichtig ist, sodass sich eine tolerante Einstellung in jeglichem Verhalten und in den in der Familie üblichen Regeln widerspiegelt, so wird das Kind auch später in der Lage sein, sich tolerant zu verhalten – auch dann, wenn es keine spezielle Etiketteregel für die aktuelle Situation gibt.

Die Welt mit anderen Augen sehen

Erlebt ein Kind, dass für eine Party nicht sein Lieblingskuchen, sondern einer ohne Mehl gebacken wird, weil ein Kind mit Zöliakie eingeladen ist, so kann es dabei lernen, dass vielleicht manchmal ein wenig Verzicht sein muss, damit alle mitmachen und dabei sein können. Mit den Fragen „Würdest du es mögen, wenn alle Kuchen essen, nur du nicht? Oder stell dir vor, alle Kinder essen den gleichen Kuchen, nur du musst alleine von einem Sonderkuchen essen – würdest du das schön finden?“ wird die Bedeutung der Handlung, der Grund des Verzichts erklärt und ein wichtiger Wert des Miteinanders vermittelt. Mit einem Gespräch, was manche Dinge für ein anderes Kind bedeuten können, lernt das eigene Kind Schritt für Schritt die Perspektive von anderen einzunehmen und die Welt mit deren Augen zu sehen.

Werte werden im Regelfall durch Sozialisation, also durch Erziehung und Kontakt mit Gleichaltrigen, vermittelt und dann später an die nachfolgende Generation weitergegeben. Oft gibt es jedoch durch veränderte Lebensumstände in einer Kultur einen Wertewandel von einer Generation zur nächsten. So haben sich einige Werte in der Bundesrepublik im Laufe des 20. Jahrhunderts mehrfach geändert. Der letzte Wertewandel, der bis heute kontrovers diskutiert wird, wurde 1968 in Bewegung gesetzt.

Ohne Werte gibt es keine klaren Ziele in der Erziehung, kein wirkliches „Warum“ und „Wozu“. Die Gefahr, dass Gleichgültigkeit herrscht, ist dann sehr groß. Werte bestimmen schließlich die Normen, also das, was als falsches oder richtiges Verhalten bewertet wird. Werte sind das Grundgerüst, das erklärt, was wichtig ist. Regeln sind somit nur das letzte Glied in der Kette. Sie helfen, bestimmten Normen zu entsprechen, um gemäß der Werte zu leben.

Beispiel: Eigentum ist ein hoher Wert in unserer Kultur. Deshalb gibt es die Norm, dass stehlen tabu ist. Viele Regeln und Gesetze versuchen zu verhindern, dass gegen diesen Wert verstoßen wird. So lernen die meisten kleinen Kinder, dass jeder sein eigenes Spielzeug hat. Und sie sollen die Regel befolgen, dass Bruder oder Schwester gefragt werden müssen, ob man sich etwas leihen darf.

Eigene Werte finden und definieren

Werte stehen also für Kultur und Identität. Sie bieten Sicherheit, Orientierung und Struktur. In unserer modernen Gesellschaft haben bereits Kinder Kontakt mit unterschiedlichen Verhaltensweisen, Normen und Werten. Medien, Reisen und das Zusammentreffen mit Menschen aus anderen Kulturen ermöglichen dies. Früher waren Werte starr von Autoritäten vorgegeben: vom Staat, der Kirche, dem Familienoberhaupt. Heute müssen sie verhandelt werden: Was ist uns wichtig? Das Finden und Definieren der eigenen Werte ist ein Prozess. Gerät er in Vergessenheit, kommt es zu Werteverlust oder nicht lösbaren Wertekonflikten.
Auch hinter einem „Verzicht auf Werte“ mit dem Wunsch, die eigene Individualität so weit wie möglich auszuleben und maxi-

male Freiheit zu haben, stecken verborgene Werte: Freiheit und Individualität. Es ist also nur ein scheinbarer Verzicht.

Nicht nur Erwachsene, auch Kinder stecken oft in Wertekonflikten: Soll ein Kind die kranke Freundin besuchen und damit sein Bedürfnis nach Werten wie Mitgefühl, Treue und Solidarität leben? Oder doch, wie der Mutter versprochen, das Zimmer aufräumen und damit Verlässlichkeit und Pflichtbewusstsein zeigen? Oder vielleicht soll es sich lieber zurückziehen, Musik hören, um damit die Werte Individualität und Selbstbestimmung zu erfüllen?

Eigene Werte sind deshalb wichtig für die Entwicklung von sozialer Kompetenz und einer stabilen Persönlichkeit. Sie müssen also Bestandteile von Erziehung und Bildung sein. Niemand lernt, einen Wert zu erkennen und zu leben, wenn dieser nur durch Predigten vermittelt wird. Das Vorleben durch andere Menschen und das Gefühl, wie es ist, zum Beispiel respektiert oder auch nicht respektiert zu werden, hat tiefe und lang anhaltende Wirkung.

Respekt und Sicherheit statt leerer Gesten

Ohne festgelegte Werte in Kombination mit ethischen Grundsätzen wird ein Einhalten von Etiketteregeln selbst bei aller Perfektion nur zur Fassade. Regeln werden dann lediglich eingehalten, „weil man das so macht“ oder um des eigenen Ansehens willen. Wirkliche Höflichkeit jedoch beinhaltet immer Respekt, Toleranz und Rücksicht. Die Erfahrung lehrt uns schließlich, dass grausame Vollstrecker der Diktaturen des 20. Jahrhunderts als höfliche Gastgeber mit perfekten Tischmanieren beschrieben wurden. Der „Kriminalreport“ des WDR vom 25. August 2008 berichtete über einen Banküberfall im Juli des Jahres, bei dem die Räuber alle ihre Forderungen mit „Bitte“ und „Danke“ untermauerten und sich bei einer Angestellten, der sie versehentlich auf den Fuß traten, sogar entschuldigten. Bei diesen Beispielen handelt es sich nur um Floskeln und leere Gesten: Mit Höflichkeit hat das nichts zu tun.

Im Frühjahr 2007 hat das Institut für Demoskopie Allensbach im Auftrag des Bundesfamilienministeriums eine Umfrage zum Thema Werteerziehung durchgeführt. Als besonders gewünschte Werte in der Erziehung wurden Ehrlichkeit (91 Prozent), Höflichkeit (90 Prozent) und Verlässlichkeit (84 Prozent) genannt. Erschreckend dabei ist, dass 66 Prozent der Befragten sagten, dass Kinder heute zu wenig Werte und Orientierung bekämen, 64 Prozent waren der Meinung, dass Kinder häufig nicht erkennen könnten, was falsch oder richtig ist, und sogar 60 Prozent glaubten, Kinder würden gar keine klaren Regeln und Vorgaben kennen.

Der Spruch „Was du nicht willst, das man dir tu, das füg’ auch keinem andern zu“ ist zwar alt, hat aber immer noch eine tiefe Wahrheit und Gültigkeit. Er gibt eine gute Möglichkeit, das eigene Handeln tagtäglich zu reflektieren und bei allen Gesprächen mit den Kindern immer wieder zu fragen: „Möchtest du, dass jemand das mit dir so macht?“ oder: „Wie wäre das denn für dich, wenn jemand anders das mit dir so machen würde?“

Aufmerksamkeit und Höflichkeit

Martin Stein, 7 Jahre, hat ein neues Kinderzimmer bekommen. So hat er für den Nachmittag einige Freunde aus der Schule zu einer kleinen Einweihung eingeladen. Die Eltern haben für einen tollen Kuchen gesorgt. Noch bevor alle da sind, schneidet Martin voller Stolz selbst seinen Kuchen an. Das größte Stück mit der üppigsten Schokoladenverzierung häuft er sich gleich auf den eigenen Teller.

Kinder müssen begreifen, dass viele kleine Unaufmerksamkeiten das Leben auf engem Raum zur Qual machen: derjenige, der die Tür vor der Nase eines anderen zufallen lässt, anderen den Rucksack auf dem Rücken beim Aussteigen aus der U-Bahn ins Gesicht haut, wer stundenlang lautstarke Handygespräche im Zug führt oder bei offenem Fenster den Fernseher in voller Lautstärke laufen lässt, der vergessene Geburtstag eines Freundes, das lieblose Geschenk der Tante, der unterlassene Gruß bei einer Begegnung im Hausflur, ein Papier, das neben dem Mülleimer landet, und der Kaugummi, der unter dem Tisch klebt. Es ist immer die gleiche Botschaft, die dahinter steckt: Ich, Ich, Ich.

Verantwortung für das Gelingen von sozialem Miteinander zu übernehmen, bedeutet, die anderen wahrzunehmen, sich in sie hineinzuversetzen und die eigenen Interessen mit denen anderer abzuwägen. Höflichkeit ist das Gegenteil von Gleichgültigkeit – und schon allein deshalb in einer zunehmend anonymer werdenden Welt wichtig für das Zusammenleben. Egoisten sind schlechte Partner und Freunde, Arbeits-

kollegen und Nachbarn. Und wer andere nicht achtet, wird auch selbst wenig Achtung bekommen.
Natürlich müssen Kinder lernen, für sich zu sorgen, ihre Bedürfnisse und Wünsche zu formulieren und zu realisieren. Es ist wichtig, dass sie ein Gefühl dafür entwickeln, wie sie etwas situationsgemäß höflich formulieren können und wann der richtige Zeitpunkt ist, ihre Bitte oder Frage vorzubringen. Ebenso wichtig ist es, dass sie erkennen, was unangemessen oder unbescheiden ist, was andere außen vor lässt oder auf deren Rücken ausgetragen wird.

Sicherheit und Schutz vor Höflichkeit

Höflichkeit bedeutet also nicht, alles ungefragt mitzumachen, um niemanden zu verletzten. Kinder müssen lernen, wie sie sich vor fremden Erwachsenen schützen, die sie auf der Straße ansprechen, und wie sie sich in Chatrooms verhalten, wenn die Situation unangenehm wird. Wird normalerweise schreien, um sich schlagen und beißen nicht toleriert, ist es aber durchaus die richtige Reaktion, wenn ein fremder Erwachsener versucht, das Kind ohne sein Einverständnis mitzunehmen. Wird sonst erwartet, dass ein Kind eine Antwort gibt, wenn es etwas gefragt wird, so soll es aber lernen, dass es eine Antwort zum Beispiel bei der Frage nach seiner Adresse in einem Chatroom verweigern darf und sollte. Hier steht das eigene Bedürfnis nach Sicherheit und Schutz im Vordergrund. Es ist wichtig, dass Kinder klar erkennen lernen, wann ihre eigenen Bedürfnisse über allem stehen, aber eben auch, dass das nicht immer der Fall ist.

Gutes Benehmen bedeutet, in vielen Lagen zunächst einmal die eigenen Bedürfnisse zurückzunehmen: nicht als Erster mit dem Essen beginnen, wenn andere noch nichts haben, sich nicht das größte Stück Kuchen zu nehmen, andere nicht warten zu lassen und den Müll nicht einfach fallen zu lassen.

Gutes Benehmen bedeutet:

- sich in andere hineinversetzen,
- gemeinsamen Lebensraum als solchen erkennen und respektieren,
- Grenzen erkennen,
- Frustration ertragen,
- eigene Impulse steuern.

Machen Sie das Kind darauf aufmerksam, wie es sich anfühlt, von anderen nicht geachtet zu werden. Schärfen Sie damit seine Fähigkeit, sich in andere hineinzuversetzen und mit zunehmendem Alter die eigenen Handlungen auch aus anderer Perspektive zu prüfen.

Lebensrhythmen im Wandel

Aufmerksamkeit und Achtung voreinander gehören zu den wichtigsten Elementen sozialer Kompetenz. Viele Situationen des täglichen Miteinanders lassen sich aufgrund unserer komplexer gewordenen Welt nicht mehr in eindeutige, allzeit gültige Regeln fassen. Früher gab es zum Beispiel klare Regeln, zu welcher Uhrzeit man bei anderen Familien anrufen durfte und wann nicht. Zu unterschiedlich sind die

Lebensrhythmen der Familien heute. Nur wenn man einen Augenblick überlegt, wie die Familie, die ich anrufen möchte, lebt und wann ich möglicherweise stören könnte, dann wird man die richtige Entscheidung über eine Anrufzeit treffen können: Das ist wahre Höflichkeit.

Wenn ein Mensch im Laufe seines Lebens gelernt hat, die Bedürfnisse anderer zu sehen, wenn er fähig ist, sich nicht immer als den Mittelpunkt des Universums zu betrachten, und mit zunehmendem Alter in der Lage ist, auch subtile Signale des anderen zu deuten, dann wird er nicht nur anderen mit Aufmerksamkeit begegnen, sondern auch selbst eine respektierte Person sein.

Höflichkeit ist eine durch Werte vermittelte innere Haltung, die deshalb weder durch predigen noch durch ein eintägiges Seminar antrainiert werden kann. Sie muss über Jahre von den Eltern vorgelebt werden, damit sie zum Persönlichkeitszug des Heranwachsenden wird.

Auch ein Gewissen – als innere Instanz, die moralisches Verhalten ermöglicht – muss sich erst entwickeln. Ein Gewissen, das einen Menschen quasi als Kompass durch das Leben führt und ein Alarmsignal sendet, wenn die Richtung von Respekt und Höflichkeit verlassen wird, kann sich nur dann ausbilden, wenn Anstand, Respekt, Höflichkeit und Aufmerksamkeit von klein auf vorgelebt und eingefordert wurden.

Ehrlichkeit und Taktgefühl

Klara Wagner ist mit ihrer Tochter Stefanie, 5 Jahre, beim Einkaufen. In der Schlange vor der Kasse des Supermarktes steht vor den beiden eine füllige Frau, die offensichtlich obdachlos ist. „Mami, Mami, warum stinkt die dicke Frau so?", fragt Stefanie laut und zeigt mit dem Finger auf die vor ihnen Wartende.

Kinder verstehen nicht, was ein taktvolles Verschweigen oder Notlügen sind. Es gehört zum Prozess des Erwachsenwerdens zu erkennen, wann eine klare und ehrliche Bemerkung verletzend ist und wie man diplomatisch agieren kann.
Überprüfen Sie sich selbst, inwieweit Sie Ihrem Kind vorleben, dass schwindeln zum Leben gehört. Hinterfragen Sie sich auch selbstkritisch, ob Sie Ihr Kind nicht zum Lügen erziehen, zum Beispiel, wenn es der unsympathischen Frau Huber am Telefon erklären soll, die Eltern seien nicht da. Versuchen Sie deshalb, selbst möglichst immer bei der Wahrheit zu bleiben.
Fingerspitzengefühl ist die Fähigkeit, im Umgang mit anderen Menschen die Situation und die Stimmung einzuschätzen und dann das Richtige zu tun. Ein Kind lernt das, in dem es immer wieder mit der Frage konfrontiert wird: „Wie wäre das denn für dich, wenn jemand das zu dir sagen würde?"
Es gibt keine Hilfe gegen Taktlosigkeit. Das Einzige, was einem bleibt, ist die Gesellschaft taktloser Menschen zu vermeiden. Lernt ein Kind also nicht, sich mit Fingerspitzengefühl zu äußern, wird es wenige Freunde haben und vermutlich Probleme an jedem Arbeitsplatz bekommen.

Kindermund tut Wahrheit kund – für alle Eltern ein Albtraum.

Beispiel: Ein Auszubildender, der an seinem ersten Arbeitstag morgens in den Friseursalon kommt, sagt: „Boah, hier riecht es ja ätzend. Wer hat denn hier so ein schreckliches Parfüm. Ist ja heftig." Der Auszubildende hat vielleicht recht, möglicher-

weise mag niemand der Kollegen den Duft. Dennoch hat sein Kommentar nichts mit Mut zu tun. Er ist einfach unüberlegt und unhöflich.
Erleben Sie mit Ihren Kindern solche Situationen, wie die oben beschriebene Geschichte aus dem Supermarkt, so fordert dies von Ihnen, Ihrem Kind zu erklären, dass man andere Menschen niemals bloßstellen darf. Dies versteht ein Kind sehr gut, denn Kinder mögen es selbst auch nicht.

Beispiel: „Dir hätte das doch auch nicht gefallen, wenn die Kindergärtnerin dir nicht stillschweigend die Hose gewechselt hätte, bevor die anderen schreien konnten: ‚Hosenpiesler! Hosenpiesler!'" Diese Botschaft kommt mit Sicherheit an.
Nutzen Sie auch die Gelegenheit, zu erklären, dass man nicht bösartig über andere Menschen spricht – egal, ob diese das gerade hören oder nicht.
Kinder können durchaus lernen, dass zum Beispiel bei einem ungeliebten Geschenk keine enthusiastischen Lobreden nötig sind, denn das wäre gelogen. Ein Kommentar wie „Was soll ich mit der doofen Puppe, ich spiele nie mit Puppen!" hingegen ist verletzend. Sprechen Sie mit Ihrem Kind darüber, wie es sich selbst fühlt, wenn Geburtstagsgeschenke für Klassenkameraden oder selbst gemalte Bilder für die Verwandtschaft keinen netten Kommentar bekommen.
Erklären Sie Ihrem Kind, dass Lügen nicht akzeptabel sind, wenn es darum geht, sich eigene Vorteile zu verschaffen. Sagen Sie auch, dass es gelegentlich richtig und erlaubt sein kann, die Unwahrheit zu sagen, weil ich damit zum Beispiel

einen anderen Menschen vor Schaden und Schmerzen bewahre.

Beispiel: Sie besuchen gemeinsam die Großmutter, die nach langer Krankheit und schwerer Operation endlich wieder zu Hause ist. Sie haben sich alle Sorgen gemacht, da die alte Dame selbst die Hoffnung aufgegeben hatte und im Krankenhaus immer davon sprach, dass sie sicher dort sterben würde. Nun ist sie aber wieder optimistisch und sagt: „Ich fühle mich schon wieder besser – und ich fand heute Morgen beim Blick in den Spiegel, dass ich auch endlich wieder besser aussehe. Es geht also bergauf!" Sie selbst können zwar keinen großen Unterschied im Aussehen feststellen, für Sie sieht Ihre Schwiegermutter immer noch sehr elend aus. Doch sicher werden Sie das nicht sagen, sondern versuchen, sie in ihrem Optimismus zu unterstützen. Denn Sie wissen: Nur wer daran glauben kann, dass es wieder besser geht, der kann es auch schaffen.
Für Kinder bedeuten Lügen oft etwas ganz anderes als für Erwachsene. Oft wird durch eine Lüge einfach ein Wunsch oder ein Bedürfnis des Kindes ausgedrückt. Kinder leben stärker in einer Fantasiewelt als Erwachsene. So glauben sie manchmal selbst, was sie erzählen, auch wenn es gar nicht stimmen kann. Die Welt von Kindern ist eben von fantastischen Gestalten wie dem Nikolaus, Riesen, Zwergen und wundersamen Begebenheiten erfüllt. Anderen Kindern sind die Fragen der Erwachsenen zu nah und zu viel. Sie versuchen dann, mit einer Lüge ihre Intimsphäre zu schützen.

Hilfsbereitschaft und Solidarität

Yvonne Gärtner, 15 Jahre, hatte einen Skiunfall. Nun ist das linke Bein eingegipst. Erstaunlich, wie kompliziert ganz normale Handlungen dadurch werden. In den ersten Tagen kam sie überall zu spät, da es ihr schwerfiel, die Zeiten richtig zu kalkulieren. Sie ist dankbar, dass sie jeden Tag mit einer Klassenkameradin mitfahren kann. Deren Vater bringt seine Tochter auf dem Weg zur Arbeit mit dem Auto zur Schule. Nun fährt er extra einen kleinen Umweg, um Yvonne von zu Hause abzuholen und mitzunehmen. Die ersten Tage mit dem Gipsbein in der voll besetzten morgendlichen U-Bahn waren schrecklich. Sie kann auf einem Bein nicht gut stehen und das Festhalten war mit den beiden Krücken kaum möglich. Ein Sitzplatz wurde ihr nie angeboten.

Heben Sie hervor, wenn Ihrem Kind solche Hilfe wie in dem oben genannten Beispiel entgegen gebracht wird. Und betonen Sie, wie schön es ist, wenn andere Menschen einem helfen. Erinnern Sie Ihr Kind bei der nächsten Gelegenheit daran, dass es nun selbst zum uneigennützigen Helfer werden kann. Kinder können frühzeitig lernen, auch an andere zu denken. Zum Beispiel, indem sie Spielzeug, das sie nicht oder nicht mehr mögen, spenden. Fangen Sie auch bei kleinen Kindern damit an, eine Box bereitzuhalten, in die das Kind selbst Dinge hineinlegen kann, die es nicht behalten will. Lassen Sie das Kind so Verantwortung dafür übernehmen, dass die Spielsachen nicht achtlos weggeworfen werden. Dabei lernt es, dass es Menschen gibt, die auf Solidarität und Hilfe angewiesen sind. Besprechen Sie mit dem Kind, was mit dem Inhalt der Kiste passieren soll, bringen Sie sie

gemeinsam zu einer Sammelstelle und erklären Sie dabei, dass es viele Menschen gibt, denen es schlechter als Ihnen geht und die sich über das Geschenk freuen.
In fast allen Schulen gibt es Aktionen, in denen Geld für soziale Projekte in Krisen- und Kriegsgebieten gesammelt wird oder die ganze Klasse gemeinsam ein Patenkind in der Dritten Welt hat. Wenn es so etwas noch nicht gibt, dann sprechen Sie mit Lehrern und anderen Eltern darüber, was an der Schule umsetzbar sein könnte. Kinder müssen frühzeitig lernen zu teilen und auch zu verzichten. Das muss nicht unbedingt bedeuten, einen Teil des Taschengeldes zu spenden, es kann auch ein wenig Arbeit für eine gemeinsame Aktion sein, die anderen zugutekommt.
Auch die täglichen, kleinen Aufmerksamkeiten, wie zum Beispiel einer älteren Nachbarin schwere Einkäufe zu tragen, jemanden mit einem Kinderwagen über Treppen zu helfen oder einen Platz in öffentlichen Verkehrsmitteln dem zu geben, der ihn nötiger hat, gehören dazu.
Prüfen Sie sich selbst kritisch: Wie solidarisch sind Sie mit den Schwachen in unserer Gesellschaft? Was hört Ihr Kind, wenn Sie über benachteiligte Gruppen und Personen sprechen? Was erlebt Ihr Kind, wie Sie sich in die Gesellschaft einbringen, um das Leben ein Stückchen besser zu machen?

Fairness und Gerechtigkeit

Petra Hofmann, 15 Jahre, wird von ihrer Mutter gerufen: „Hol bitte die Wäsche aus der Waschmaschine und häng sie draußen auf die Leine." „Immer ich. Wieso muss immer ich solche Sachen machen? Klaus kann auch mal was tun."

Auch im Deutschland des 21. Jahrhunderts gibt es noch viele Familien, in denen die Mädchen deutlich häufiger für Hausarbeiten herangezogen werden als ihre Brüder. In anderen Familien hat die Verwandtschaft einen Liebling unter den Geschwistern, der bei den Geschenken und anderen Zuwendungen bevorzugt wird.

Kinder haben oft ein sehr ausgeprägtes Gefühl für Gerechtigkeit. Sie spüren genau, ob sie innerhalb der Familie oder in Schule und Kindergarten gegenüber anderen Kindern benachteiligt werden. Es kann schon ausreichen, wenn andere Kinder für ihre Fehler weniger Ermahnungen bekommen, wenn sie mehr dürfen oder wenn die Geschwister zu Weihnachten mehr Geschenke bekommen. Wird die Zurücksetzung zu einer wiederholten oder gar dauerhaften Erfahrung, so schlägt dies Wunden, die oft nie verheilen.

Es ist sicher schwierig für die Eltern, das richtige Maß zu finden, denn größere Kinder müssen mehr in der Familie helfen, dafür dürfen sie aber auch mehr als die Kleinen. Prüfen Sie also immer wieder kritisch, ob Sie selbst wirklich gerecht sind. Erklären Sie den Kindern auch, wie und warum bestimmte Dinge in der Familie geregelt sind und dass faire Behandlung nicht immer heißen muss, dass jeder das Gleiche

bekommt und darf, sondern dass Pflichten und Möglichkeiten immer zwei Seiten der Medaille sind.
Gerade kleine Kinder verhalten sich gegenüber anderen Kindern oft nicht fair. Sie handeln aus einem Impuls heraus und nehmen sich zum Beispiel ein Spielzeug, einfach weil es ihnen gefällt. Der Ausruf: „Wie konntest du so etwas nur tun!" ist ein moralisierender Satz, der ein Kind beschämt und verstört. Das Kind versteht nicht, warum das, was es getan hat, nicht richtig war. Fragen Sie, wie es sich fühlen würde, wenn ihm dasselbe angetan worden wäre und ob es sein Verhalten dann auch noch richtig finden würde.

Beispiel: Sind Sie mit Ihrem Kind auf dem Spielplatz und es möchte gerne mit einem anderen Spielzeug spielen. Sie können vorschlagen, das fremde Kind zu fragen, ob es auch mal mit der roten Schaufel graben darf. Helfen Sie auch, dass Ihr Kind ein Nein akzeptiert. Wiederholen Sie einfach klar: „Nein heißt nein!" Reißt es dem anderen Kind die Schaufel aus der Hand, so geben Sie diese zurück und wiederholen noch einmal: „Nein heißt nein. Du möchtest auch nicht, dass man dir deine Spielsachen wegnimmt."

Kinder müssen Normen lernen

Kinder müssen Normen erst lernen, sie handeln oft aus ganz anderen Beweggründen als die Eltern und meinen es nicht böse. Dies ist kein Grund, ihnen Dinge durchgehen zu lassen. Nur wenn Sie Ihr Kind altersgemäß und kontinuierlich während seiner gesamten Entwicklung immer wieder darauf hinweisen, dass es sich nicht fair verhalten hat, und warum sein Verhalten für andere Menschen unangenehm ist, hat es die Chance, ein angemessenes Gefühl dafür zu entwickeln.

Beispiel: Sie sind gemeinsam auf dem Spielplatz. Ihre Tochter nutzt dort wie jeden Tag voller Freude die Seilbahn. Ein anderes Mädchen kommt und ruft: „Ich will auch mal!" „Nein, das ist meine Seilbahn!", wehrt sich Ihre Tochter. Hier ist der richtige Moment, um einzugreifen: „Der Spielplatz ist für alle da. Lass jetzt mal das andere Mädchen an die Seilbahn. Ihr könnt euch ja abwechseln."
Sport und Gesellschaftsspiele bieten zum Beispiel gute Möglichkeiten zu erleben, wie viel Vergnügen Gemeinsames machen kann, wenn sich wirklich alle fair verhalten. Dazu gehört nicht nur, bestimmte Dinge, die in den Spielregeln stehen, zu beachten. Wichtig ist auch, ein guter Gewinner und ein guter Verlierer zu sein.
Ein Verlierer, der lächelt und dem anderen zum Sieg gratuliert, wird ein gefragter Spielkamerad sein. Jemand, der schmollt und heult, eher nicht. Ein fairer Gewinner spart sich auch ein Triumphgeheul und ein Verhöhnen des Verlierers.
Nicht nur Märchen, viele Bücher und Filme, die bei Kindern und Jugendlichen beliebt sind, bieten Stoff für die Auseinandersetzung des Themas Fairness und Gerechtigkeit. Liest Ihr Kind zum Beispiel auch gerne Harry Potter, so können Sie darüber sprechen, wie es sich wohl für Harry angefühlt haben muss, so ungerecht von Tante Petunia und Onkel Vernon gegenüber deren eigenem Sohn Dudley behandelt zu werden.

Wichtige Regeln für Gerechtigkeit unter den Geschwistern

1. Abwechseln: Gibt es ein Spielzeug nur einmal, aber alle wollen damit spielen, dann muss es klare Regeln geben, wie abgewechselt wird. Bei kleineren Kindern sollte nach einem kurzen Zeitraum – zum Beispiel nach zehn Minuten – gewechselt werden, bei großen Kindern kann es auch vereinbarte Wochentage geben, an denen etwas genutzt werden darf.
2. Dinge, die die Kinder gemeinsam bekommen, müssen wirklich gerecht geteilt werden: der Raum, der zur Verfügung steht, Geld für bestimmte Kurse, eine geschenkte Keksdose und so weiter.

Rücksicht und Verantwortung

Klaus, neun Jahre, fährt mit der U-Bahn von der Schule nach Hause. Heute hat er sich von seinem Taschengeld noch ein Eis gegönnt. Genüsslich schleckt er es während der Fahrt. Plötzlich ruckelt der Wagen, das Eis fliegt aus seiner Hand und landet auf dem Jackett des gegenübersitzenden Herrn. „Kannst du nicht aufpassen?!“, sagt dieser empört, während er versucht, die Eisreste von Krawatte und Anzug zu wischen. „Wer soll mir denn jetzt die Reinigung bezahlen?“, fragt der immer noch verärgerte Fahrgast. Klaus antwortet ihm: „Kann ich doch nix dafür, wenn der Wagen so plötzlich ruckelt. Beschweren Sie sich doch beim Fahrer! Der ist schließlich schuld.“

Wir leben in einer Zeit, in der nur ungern Verantwortung übernommen wird. Eltern schieben das Versagen der Kinder auf die Lehrer. Die sehen den Ursprung allen Übels in der mangelnden Erziehung in der Familie. Gefällt es einem in der Arbeit nicht, kommt schnell der Vorwurf, man würde ungerecht behandelt oder es würde zu viel von einem verlangt. Dass die Verantwortung für alles schnell anderen übergeben wird und das Prinzip Selbstverantwortung für das eigene Leben in Vergessenheit gerät, macht das Zusammenleben in vielerlei Hinsicht heute sehr schwierig. Viele Dinge, die uns tagtäglich auf der Straße stören – wie Müll auf der Straße, Graffitis an Häuserwänden, auf Sitzen klebende Kaugummis – entstehen durch dieses Gefühl des Nicht-verantwortlich-Seins. Geben Sie Ihren Kindern ein positives Beispiel, indem Sie zum Beispiel beim Spazierengehen im Wald eine Plastiktüte aufsammeln, für die sich anscheinend niemand mehr verantwortlich fühlt.

Wenn Kinder lernen, dass sie ihren Teller nach dem Essen selbst abtragen und ihre Wäsche zumindest in den Wäschekorb legen, dann sind wichtige Schritte dafür getan, die Verantwortung für eigene Hinterlassenschaften zu erkennen. Zudem sollte jeder eine ganz bestimmte Aufgabe in der Familie haben, die allen zugutekommt. So lernt das Kind: Ich bin Teil des Ganzen und habe Verantwortung für das Gelingen. Wird gemeckert: „Immer muss ich die Waschbecken putzen!“, dann können Sie die Aufgaben auch wochenweise wechseln lassen. Ihre Kinder sollten dabei stets spüren: Wenn wir alle zusammen helfen, werden die Pflichten schneller erledigt, die Eltern haben dann auch mehr Zeit für die Kinder, um gemeinsam etwas Schönes zu machen.

Das Kümmern um Haustiere, ein eigenes Beet im Garten oder eigene Pflanzen im Zimmer unter Anleitung der Eltern zu pflegen, bestärkt das Kind in seinem Pflichtgefühl und vermittelt ihm auch die Freude, die es bereiten kann, wenn man Verantwortung übernimmt.
Viele Kinder machen die Erfahrung, dass sie Dinge wie Bücher oder CDs an Freunde verleihen und sie nicht oder in beschädigtem Zustand zurückbekommen. Schimpfen Sie dann nicht, dass Ihr Kind etwas verliehen hat, und ärgern Sie sich nicht über seine Freunde. Sprechen Sie mit Ihrem Kind darüber, wie wichtig es ist, sich verantwortlich für die anvertrauten Gegenstände zu zeigen. Überlegen Sie gemeinsam, was Ihr Kind mit dem Freund vereinbaren kann, damit der Schaden wiedergutgemacht ist. Helfen Sie ihm dabei, zu entscheiden, wem es in Zukunft etwas leihen möchte. Damit ein Kind nicht die Freude am Leihen verliert, ist es nützlich, die infrage kommenden Dinge mit einem Namensschild zu versehen und eine Liste zu führen, an wen gerade welches Buch, Spiel oder CD verliehen wurde.

Mut muss man lernen

Wenn Ihre Kinder die Tendenz haben, nicht Bescheid zu sagen, wenn etwas kaputtging, oder bei den kleineren und größeren Unfällen im Haus gerne sagen „Ich war es nicht!“, dann sollten Sie überlegen, ob die Kleinen vielleicht Angst vor Strafe und Schimpfen haben. Den Mut zu haben, zu Fehlern und Missgeschicken zu stehen, muss man erst lernen. Dieses Lernen kann nur aus dem Gefühl heraus entstehen, dass man nicht für diesen Mut bestraft wird. Es ist in Ordnung, wenn die Kinder merken, dass Sie sehr traurig darüber sind, dass Ihre Lieblingsvase beim Spielen kaputtgegangen ist. Es ist nicht in Ordnung, wenn Sie ausflippen, wenn ein Kind gesteht, dass es etwas angestellt hat.

Peter Haller, 43 Jahre, hat endlich seine Traumwohnung gefunden. Ein wunderbarer Altbau mit Stuck und Parkett, zentral gelegen und bezahlbar. Nach kurzer Zeit stellt er jedoch fest, dass es einen Haken gibt. Das Kind einer Nachbarsfamilie, die 15-jährige Tanja, hört jeden Tag nach der Schule Musik, um sich zu entspannen. Im Sommer reißt sie dazu die Fenster auf und dreht den Lautstärkeregler auf Maximum. In den umliegenden Wohnungen vibrieren die Wände, im beschallten Hinterhof ist ein Sitzen auf den Balkonen oder ein Öffnen der Fenster nicht möglich. Als Peter Haller Tanjas Mutter fragt, ob die Tochter die wirklich sehr laute Musik nicht mit Kopfhörern hören könnte, ist diese empört: „Das kommt ja gar nicht infrage. Ich möchte nicht, dass Tanja sich das Gehör ruiniert.“

Verantwortung und Rücksicht sind eng miteinander verbunden. Rücksicht gegenüber Nachbarn, Verkehrsteilnehmern, Klassenkameraden und Arbeitskollegen bedeutet immer, ein Stück Verantwortung für gemeinsamen Raum und gemeinsames Leben in einer Gesellschaft zu übernehmen. Tun dies zu wenige, wird ein angenehmes Leben unmöglich. So ist auch der Wunsch, laut Musik zu hören, durchaus verständlich. In einer Wohnsituation, in der auch die Nachbarn beschallt werden, muss sich ein Mensch seiner Verantwortung für friedliches Miteinander so weit bewusst sein, dass er sich entweder einen schallsicheren Keller baut oder mit Kopfhörern hört.

Toleranz und Akzeptanz

Der 12-jährige Ben hat zu seinem Freund Peter ein prima Verhältnis. Die beiden lieben dieselben Bücher, mögen dieselben Filme. Ben ist dem Fußballverein beigetreten. Es stört ihn nicht, dass Peter kein Fußballnarr ist. Ben bekommt zu Weihnachten das Trikot seines Lieblingsvereins, Peter die Nähmaschine, die er sich gewünscht hat. Bens Freunde lachen über Peter, nennen ihn einen „Warmduscher", eine „schwule Sau" und raten Ben, sich vor ihm in Acht zu nehmen. Ben kämpft sehr mit sich, denn er möchte seine Fußballfreunde nicht verlieren und hat gleichzeitig Angst davor, auch verunglimpft und als Außenseiter behandelt zu werden. Als er mit seiner Mutter darüber spricht, sagt sie: „Wer weiß, vielleicht wird ja mal ein Lagerfeld aus Peter und man kann seine Modekollektionen in den Zeitungen sehen."

Toleranz ist mehr als gleichgültige Duldung. Toleranz ist die Anerkennung, dass eine andere Art zu leben, zu essen, zu denken, zu glauben, zu lieben und sich zu kleiden weder besser noch schlechter als die eigene ist: Sie ist nur anders. Jedes Verhalten und jede Einstellung verdient unsere Toleranz, so lange damit niemand geschädigt oder beleidigt wird.
Tolerant kann nur sein, wer wirklich „selbst-bewusst" ist, also seine eigenen Werte erkennt. Nur dann ist man in der Lage, auch andere Werte anzuerkennen. Toleranz kann man deshalb nicht eintrichtern. Toleranz kann nur vorgelebt wer-

den. So wie Eltern, Familie, Verwandtschaft und Freunde mit Menschen aus anderen Kulturen und Religionen, Minderheiten oder behinderten Menschen umgehen und über sie sprechen, wird auf Kinder Einfluss haben.
Ein Heranwachsender muss erkennen können, was Diskriminierung und Missachtung ist, und die Zivilcourage entwickeln, dies nicht zu tolerieren.

Toleranz und Akzeptanz sind wichtige Voraussetzungen für Teamfähigkeit.

Worte wie „Neger“, „Asylanten“, „Krüppel“ oder „Weiber“ höre ich immer wieder von der jetzigen Eltern- und Großelterngeneration; auch die Formulierungen „Hier geht es ja zu wie in der Judenschul“ und „bis zur Vergasung“. Mit solchen Äußerungen sind diese Erwachsenen ein denkbar schlechtes Vorbild. Ermahnungen an die Kinder, sie sollen tolerant sein, werden hier nicht wirklich fruchten können: Dazu ist die Botschaft zu unglaubwürdig, zu sehr stecken unreflektierte Vorurteile in der Wortwahl.

Praxistipps

1. Denken Sie bei der Vermittlung von Werten daran, dass Kinder lernen, weil sie die Eltern imitieren und sich mit ihnen identifizieren. Leben Sie Ihrem Kind konsequent die Werte vor, die Ihnen wichtig sind.
2. Nutzen Sie Geschichten, Filme und Bücher, um über die darin enthaltenen Werte gemeinsam in der Familie zu diskutieren. Es gibt genügend Filme für Kinder und Jugendliche, in denen zum Beispiel Außenseiter zu Helden werden oder in denen Ungerechtigkeit, aber auch Solidarität tragende Elemente der Handlung sind.
3. Nutzen Sie den Kontakt mit anderen Kulturen in der Nachbarschaft, der Schule oder im Urlaub, um in der Familie über unterschiedliche Werte und verschiedene, damit zusammenhängende Höflichkeitsformen zu sprechen.
4. Schauen Sie nicht weg, wenn der Spielplatz zum Kampfplatz wird, sondern mischen Sie sich ein.

Übung

Machen Sie eine Liste mit den Werten, von denen Sie möchten, dass Ihr Kind sie lebt. Versuchen Sie dann, diese Werte in eine Reihenfolge zu bringen. Was ist Ihnen dabei am wichtigsten?
Erziehen Sie ein Kind gemeinsam, sollte Ihr Partner die gleiche Übung machen. Vergleichen Sie dann im Anschluss Ihre Liste. Haben Sie die gleichen Dinge ausgewählt? Haben Sie sehr unterschiedliche Auffassungen darüber, was am wichtigsten ist?
Sprechen Sie darüber, was Sie beide jeweils genau unter Höflichkeit, Respekt und anderen Werten verstehen. Planen Sie konkret, wie Sie damit umgehen wollen, wenn Sie unterschiedliche Werte vertreten.
Nur wenn beide Eltern ähnliche Werte vertreten, vorleben und einfordern, kann eine Erziehung zu gutem Benehmen gelingen.

Spiele

1. Erfinden Sie zum Beispiel eine Geschichte wie „Der kleine Bär reist um die Welt“. Erzählen Sie kleinen Kindern als Gutenachtgeschichte, was der kleine Bär alles erlebt, wenn er durch die Welt reist, verschiedene Kulturen und Länder kennenlernt. Der kleine Bär – und damit auch das Kind – kann dabei erfahren, wie unterschiedlich viele Dinge im Alltag aussehen, die Menschen aber überall die gleichen Sorgen und Freuden haben.
2. Viele Illustrationen und Bilder in Kinderbücher eignen sich auch als Fehlersuchbilder zu Werten. Wenn Sie gemeinsam solche Bilder ansehen, können Sie beispielsweise sagen: „Ich sehe drei Menschen, die sich sehr rücksichtslos verhalten. Kannst du sie auch finden?“
3. Es gibt im Handel viele Spiele, die das Leben von Kindern rund um die Welt behandeln. Ebenso gibt es zahlreiche Bücher, die nicht nur von fremden Kulturen erzählen, sondern Lieder, Tänze und Kochrezepte aus anderen Ländern zum Mitmachen anbieten.

Die Grundregeln

Einfache Dinge wie ein Bitte oder ein Danke, eine freundliche Begrüßung oder Pünktlichkeit zählen zu den wichtigsten Höflichkeitsregeln des Alltags, die die elementarsten Bereiche des Zusammenlebens betreffen. Zeigen Sie Ihrem Kind, wie es sich immer richtig verhält.

Grüßen, begrüßen, vorstellen

Klaus ist mit seinem Schulfreund Sebastian bei sich zu Hause verabredet. Die Mutter von Klaus öffnet die Tür, als Sebastian klingelt. Grußlos stürmt dieser an ihr vorbei und steuert das Zimmer von Klaus an.

Jemanden nicht zu grüßen, bedeutet, ihn als Person zu ignorieren – das ist ein hohes Maß an Missachtung. Lernt ein Kind nicht von klein auf, anderen diese Aufmerksamkeit zu widmen, wird es selbst nicht ge- und beachtet werden.
Sie haben als Eltern die Gastgeberrolle und können von den kleinen Gästen durchaus bestimmte Höflichkeitsleistungen einfordern. In dem oben genannten Beispiel kann das bedeuten, dass die Mutter Sebastian deutlich und freundlich anspricht: „Guten Tag, ich bin die Mutter von Klaus. Du bist bestimmt Sebastian, nicht wahr? Klaus hat mir schon viel von dir erzählt. Er wartet in seinem Zimmer auf dich." Sie kann dem muffeligen Besucher die Hand reichen und zum Zim-

mer von Klaus weisen. Sicher, es erfordert Eigenleistung von Ihnen als Mutter, diese Geste auszuführen, obwohl Sie selbst gerade missachtet wurden.
Eine solche Missachtung schweigend zu tolerieren, schafft ein schlechtes Beispiel für die eigenen Kinder. Sie sollen durch Sie als lebendiges Vorbild lernen, dass ein Gruß immer dazugehört. Ein gutes Übungsfeld ist dafür auch die Nachbarschaft. Es ist wichtig für ein angenehmes Zusammenleben, dass die Nachbarn im Haus oder auf der Straße täglich mit einem freundlichen Gruß bedacht werden.

Vermitteln Sie Ihren Kindern folgende Regeln:
Es ist wichtig, das *Grüßen* vom *Begrüßen* zu unterscheiden, da jeweils andere Regeln gelten.

Das Grüßen

Grüßen findet immer ohne Körperkontakt statt, es kann von einem freundschaftlichen Winken bis zu einem förmlichen „Guten Morgen, Herr Meier“ alles sein – aber eben ohne Handschlag. Die ehemals starren Regeln über die Reihenfolge des Grüßens haben sich etwas gelockert. Generell gilt: Wer den anderen zuerst erkennt, sollte auch zuerst grüßen. Es ist kein guter Stil, auf den Gruß eines anderen zu warten. Und dennoch haben viele Menschen die Erwartung, zuerst gegrüßt zu werden, da sie finden, dass ihnen dies laut Regel auch zusteht.
Im Privatleben gilt:

- Mann grüßt Frau;
- Jüngere grüßen Ältere;

- der Einzelne grüßt die Gruppe;
- wer zuletzt zu anderen dazukommt, grüßt zuerst;
- wer einen Raum betritt, grüßt ebenfalls zuerst.

In Beruf und Schule gilt:
- Auszubildende grüßen andere Mitarbeiter und den Chef;
- Schüler grüßen den Lehrer.

Ein gemurmelter Gruß im Vorbeigehen ohne Blickkontakt ist nicht höflich. Menschen in Eile werden durch Augenkontakt und ein Lächeln auch nicht langsamer. Gewöhnen Sie deshalb

Ob im Süden oder Norden: Kinder grüßen Erwachsene immer zuerst.

Ihr Kind daran, dass es morgens einmal in die Runde am Frühstückstisch blickt und „Guten Morgen" sagt.
Achten Sie darauf, dass sowohl Sie als auch die Kinder den Gruß „Hallo" vermeiden, wenn Ihnen Ihr Gegenüber nicht gut bekannt ist. Viele Menschen empfinden diese Grußform als zu salopp und familiär. „Hallo", „hey", „servus", „tschüss", „ciao" und Ähnliches sind Begrüßungsworte, die unter Gleichaltrigen völlig in Ordnung sind. „Guten Tag", „Guten Abend", „Guten Morgen", „Auf Wiedersehen", in Bayern und Baden-Württemberg auch „Grüß Gott" sind die Varianten, die sich im Kontakt mit weniger bekannten oder älteren Personen sowie im Beruf besser eignen.

Die Begrüßung

Hier ist die Reihenfolge umgekehrt wie beim Grüßen, da erst die Erlaubnis zum Körperkontakt gegeben werden muss. „Körperkontakt bei der Begrüßung" bedeutet in Deutschland im Regelfall, dass man sich die Hand gibt.
Es bietet immer derjenige den Handschlag an, der in der Rangfolge weiter oben steht. Das bedeutet ganz klar, dass ein Azubi im Berufsleben absolut unhöflich handelt, wenn er dem Firmenchef morgens die Hand hinstreckt. Der Auszubildende kann zu ihm hingehen und ihn freundlich *grüßen*, ob daraus jedoch eine *Begrüßung* wird, das entscheidet dann der Chef.
Anderen immer sofort die Hand hinzustrecken, ist ein Fehler, den viele junge Menschen am Beginn ihres Berufslebens machen, da ihnen von den Eltern beigebracht wurde, allen Menschen „das gute Händchen" zu geben. Dies ist aber ein-

deutig falsch. Ein Kind wartet immer, bis ihm der Erwachsene die Hand reicht, und streckt sie nicht selbst vor. Es ist in Ordnung und auf jeden Fall höflich, wenn das Kind auf Tante Hilde zugeht und sagt „Guten Tag, Tante Hilde. Du warst aber lange nicht mehr bei uns."
Wichtig: Gastgeber – privat oder geschäftlich – geben die Hand zuerst. Sie zeigen dadurch nicht nur, dass der andere sicher ist („Kein Dolch in der Hand!"), sondern laden damit den Gast auch in ihr Territorium ein. Wenn Sie zu Hause sind und Ihre Kinder haben Besuch, dann begrüßen Sie die kleinen Besucher und sagen ein paar nette Worte. Ihr eigenes Kind wird sich diese Haltung automatisch zu eigen machen.

Bei der Begrüßung warten Kinder immer, bis die Erwachsenen ihnen die Hand reichen.

Wenn Ihre Kinder Sie in der Gastgeberrolle unterstützen und vertreten, dann dürfen auch Kinder den Erwachsenen zuerst die Hand reichen.
Beispiel: Sie laden Freunde zu einem Grillfest ein. Während Sie ein Mitbringsel auspacken, klingelt es an der Tür. Sie bitten Ihren Sohn, die Neuankömmlinge einzulassen. Nun kann er die Tür öffnen, den Gästen die Hand reichen und ihnen den Weg zu den anderen Gästen weisen.
Kommen Sie alleine oder mit dem Kind zu einer Gruppe dazu, wie zum Beispiel beim Sommerfest des Kindergartens oder dem Elternabend, dann werden entweder alle oder keiner mit Handschlag begrüßt. In größeren Runden springt man nicht mehr zwischen Rang und Alter oder anderen Kategorien umher, so wie es früher war. Heute wird die Hand einfach der Reihe nach gegeben. Nur wenn eine Person aus irgendeinem Grund aus der Runde heraussticht und einen besonderen Rang in der Gruppe einnimmt, dann sollte man sich dieser Person zuerst zuwenden. Gründe dafür könnten sein, dass man zum Beispiel nur diese Person kennt, dass sie der Einladende oder zu Feiernde ist. Sind sehr viele Menschen versammelt, so wird im Allgemeinen auf den Händedruck verzichtet.
Männer und Frauen stehen heute bei einer Begrüßung mit Handschlag auf. Im Berufsleben ist dies ein Muss, im Privatleben ist es für Frauen eine Empfehlung. Für Kinder gilt, dass sie bei einem angebotenen Handschlag nie sitzen bleiben dürfen.

So geht's natürlich immer!

Überall wo allerdings große Unruhe entstehen würde, wenn sich alle erheben, wie zum Beispiel beim Essen, darf man auch sitzen bleiben. Dann unterbleibt aber auch das Händeschütteln und es wird auf einen allgemeinen Gruß für alle nur mündlich geantwortet.
Für verantwortungsbewusste Eltern ist es wichtig zu wissen, welche Kinder noch zu Besuch in der Wohnung sind. Vermitteln Sie also Ihren eigenen Kindern, dass Sie erwarten, von den kleinen Gästen ein „Auf Wiedersehen, Frau Huber" zu hören. Ihr eigenes Kind wird es dann in einem fremden Haushalt automatisch auch so handhaben.

Bekannt machen und richtig ansprechen

Wenn Sie sich selbst anderen Erwachsenen vorstellen, dann nennen Sie bitte Vor- und Nachnamen, aber keinen Titel.

Beispiel: Sie heißen Dr. Markus Meyer. Wenn Sie sich jemandem vorstellen, so sagen Sie: „Guten Tag, ich bin Markus Meyer". Machen Sie niemals den Fehler, von sich selbst zu sagen „Ich bin Herr Meyer". Das ist immer falsch.
Stellen Sie sich einem Freund Ihres Kindes vor, so ist es günstiger, wenn Sie bei kleineren Kindern sagen: „Ich bin die Mutter/der Vater von Melanie." Kinder verwirrt es oft, wenn sie von einem Erwachsenen den Vor- und den Nachnamen hören, und glauben, der Vorname wäre das Signal „wir duzen uns". Ihr Kind kann lernen, dass es sich so bekannt macht: „Guten Tag, Frau Huber. Ich bin Claudia Müller, die Schulfreundin von Sabine."

Die Formulierungen „Ich heiße Claudia Müller“ und „Mein Name ist Claudia Müller“ sind zwar nicht falsch, sie wirken jedoch etwas weniger souverän und selbstbewusst als die moderne Version „Ich bin …“.
Im Allgemeinen spricht man von „bekannt machen“ wenn der Rahmen informeller ist und die Regeln keine große Rolle spielen, „vorstellen“ hat einen offizielleren Charakter.
Die Grundregel: Der Ranghöhere erfährt zuerst den Namen des Rangniederen. „Ranghöher“ ist im Privatleben die Dame oder bei unterschiedlichem Alter die Person, die eine Generation älter ist. Floskeln wie „sehr angenehm“ und Begriffe wie „meine Gattin“ sind nicht stilvoll.
Wenn ein Einzelner zu einer Gruppe stößt, wird der Name des Dazukommenden zuerst genannt, dann die Namen der schon Anwesenden. Die Namen der Anwesenden nennen Sie der Reihe nach, also so, wie die Personen stehen oder sitzen. Bei größerem hierarchischem Gefälle wird der Name der wichtigsten Person zuerst genannt.

Beispiel: Sie holen Ihre Tochter, 14 Jahre, von der Schule zu einer Shoppingtour ab. Sie wartet vor dem Eingang mit zwei Freundinnen. Beherrscht Ihre Tochter die Regeln, so wird sie zuerst die Namen ihrer Freundinnen nennen. Sie als Mutter oder Vater sind älter und haben das Vorrecht, zuerst zu erfahren, wer Ihnen gegenübersteht. Dann werden Sie den beiden anderen Mädchen vorgestellt.
Alle Menschen freuen sich, wenn sie mit ihrem korrekten Namen angesprochen werden.

Den Namen des Gesprächspartners immer wieder ins Gespräch einfließen zu lassen, sollte deshalb eine grundsätzliche Praxis für sie werden. Untersuchungen haben gezeigt, dass Menschen, die unseren Namen mehrfach in einem Gespräch verwenden, als sympathischer empfunden werden. Übertreiben Sie es dabei aber nicht – das wirkt sonst anbiedernd.

Du oder Sie?

Für Kinder ist es oft schwierig, unterscheiden zu lernen, welche Erwachsene sie mit „Du" und welche sie mit „Sie" ansprechen sollen. Kinder verallgemeinern oft vom Einzelfall auf alle. Das kann schwierig werden. So gibt es in vielen Gemeinden Pastoren, die jung und locker sind. Sie duzen sich in der Jugendarbeit mit den Teenagern. Das ist völlig in Ordnung, so lange das Kind nicht glaubt, alle kirchlichen Würdenträger könne man duzen. Es ist zwar nur noch in wenigen katholischen Gemeinden üblich, den Pfarrer mit „Hochwürden" anzusprechen, aber „Herr Pfarrer" ist ein Minimum, ebenso wie „Herr Pastor" für einen evangelischen Geistlichen. Es sei denn, dieser wünscht es sich ausdrücklich anders.

Ein Doppelname darf nie einfach zur Hälfte verkürzt werden, nur weil es dann praktischer ist. Das ist grob unhöflich. Sie würden es auch nicht mögen, wenn Sie „Meyer" heißen und jemand Sie nur mit „Herr Mey" anspricht, weil er findet, dass das schon reichen müsse.

Es ist absolut in Ordnung, wenn Sie in Zweifelsfällen nachfragen, wie Sie jemanden ansprechen sollen. So spürt auch Ihr

Kind, dass die Anrede wichtig ist und dass man sich darüber Gedanken machen soll.

Die Frage, ob es ein „Du“ oder ein „Sie“ in der Anrede gibt, wird immer von der älteren Person entschieden. Für manchen Teenager ist es merkwürdig, wenn er von Bekannten seiner Eltern, die er lange nicht gesehen hat, dann plötzlich gesiezt wird. Es ist kein Problem zu sagen „Bleiben Sie ruhig beim ‚Du‘, wir kennen uns ja schon so lange“. Es ist eine Übergangsphase, in der sich manche Kinder langsam, manche schneller an die neue Form der Anrede gewöhnen.

Personen, die einen akademischen Grad wie Dr. oder Professor haben, werden immer mit diesem angesprochen. Es sei denn, sie bitten selbst darum, ihn wegzulassen. Auch Menschen, die demokratisch gewählte Ämter innehaben, wie ein Bürgermeister oder die Bundeskanzlerin, werden mit der Amtsbezeichnung angeredet. Treffen Sie also den Bürgermeister Ihrer Gemeinde, so sagen Sie „Guten Morgen, Herr Bürgermeister.“

Praxistipps

1. Denken Sie daran, dass Sie nicht nur Ihr Kind Ihrem Besuch vorstellen, sondern dass auch Ihr Besuch dem Kind vorgestellt wird.
2. Ermutigen Sie schüchterne Kinder, dass diese eine angebotene Hand nehmen. Erklären Sie, wie verletzt sich jemand fühlt, wenn dessen Hand ausgeschlagen wird. Zwingen Sie aber niemals ein Kind, Küsse von Verwandten anzunehmen.

Spiele

1. Suchen Sie gemeinsam mit Ihrem Kind nach Begrüßungsritualen aus anderen Zeiten und anderen Kulturen. Fernsehen oder der aktuelle Stoff des Geschichts- oder Erdkundeunterrichts eignen sich wunderbar dazu. Wenn Ihre Kinder Freude an Rollenspielen und ein wenig Theater haben, dann können Sie auch mal einen Tag so grüßen wie im Mittelalter oder wie im Orient.
2. Kinder, die eine Puppenküche haben, können auch mal die Eltern „einladen“. Dann müssen die Eltern anklopfen oder „klingeln“, sie werden begrüßt und vorgestellt.

Nonverbale Signale

Robert Biller, 15 Jahre, bemüht sich immer sehr, freundlich zu den Nachbarn im Haus zu sein. Er grüßt höflich und trägt auch mal eine schwere Einkaufstasche in den 3. Stock. Als die Familie Biller aus dem Italienurlaub zurückkommt, erzählt er der Nachbarin, einer älteren Dame, davon. Umso verwunderter ist Robert, als er hört, die Nachbarin habe sich über sein unverschämtes Betragen beschwert. Auf Nachfrage stellt sich heraus, dass er bei seinem Bericht über den Urlaub breitbeinig mit beiden Händen in der Hosentasche vor ihr stand. Nun versteht er gar nichts mehr. Was soll denn daran schlimm sein?

Hände gehören bei einer Begrüßung und einem Gespräch aus der Hosentasche. Das ist auch heute noch so – selbst wenn Sie es überall anders sehen. Gerade Jugendliche in der Pubertät finden es oft cool, mit einer Hand in der Hosentasche auf jemanden zuzugehen. Für manche ist es auch eine Verlegenheitsgeste, weil sie unsicher sind. Leben Sie es richtig vor und vermitteln Sie dem Kind, dass es als respektlos gilt und sich andere Menschen ärgern, wenn eine Hand bei der Begrüßung und auch im Gespräch vergraben wird. Wenn junge Leute das untereinander machen, dann ist das in Ordnung. Beim Kontakt mit älteren Menschen, ob aus der Verwandtschaft, mit Nachbarn, Lehrern sowie in Praktikum und Ausbildung, ist es unhöflich.

Outfit und Verhalten

Wenn Sie als Mann ein Jackett tragen, dann müssen im Stehen und Gehen auch die entsprechenden Knöpfe geschlossen sein. Das bedeutet, dass Sie bei (üblicherweise) drei Knöpfen entweder den mittleren oder die beiden oberen schließen. Haben Sie ein Jackett mit mehr Knöpfen, so können Sie wählen, ob Sie alle Knöpfe bis auf den untersten oder die mittleren schließen. Falls Sie Zweireiher tragen: Hier bleibt das Jackett immer geschlossen – auch beim Sitzen. Erklären Sie es Ihrem Sohn, wenn er eine Ausbildung beginnt und dann einen Anzug trägt.

Für Frauen gilt die Regel des Knopfschließens bei einem Hosenanzug nicht so streng. Die Knöpfe müssen nicht geschlossen werden. Gerade bei einem Hosenanzug im Berufsleben, der den Schnitt eines typischen Businessanzuges hat, sieht es aber professioneller aus. Und die Geste einer Frau, die zu einer Begrüßung aufsteht und ihr Jackett schließt, zeigt Aufmerksamkeit. Vermitteln Sie also Ihrer Tochter die Unterschiede in der Handhabung von modischen und lässig geschnittenen Hosenanzügen zu einem Businesshosenanzug, wenn sie eine Ausbildung beginnt.

Falls Sie Handschuhe tragen, so ziehen Sie den rechten für die Begrüßung aus – es sei denn, Sie begegnen sich bei minus 35 Grad. Kleine Kinder, die viel schneller frieren als Erwachsene, brauchen den Handschuh noch nicht auszuziehen. Schulkinder sollten sich an diese Regel jedoch schon gewöhnen.

Achten Sie bei der Begrüßung darauf, dass die Hand gegeben und nicht geschüttelt wird. Prüfen Sie Ihren Händedruck: Er sollte für die zarte Hand eines Kindes angemessen sein und ihm nicht wehtun. Ebenso ist es wichtig, dass der Händedruck eines Kindes ein „Händedruck" ist und nicht nur eine weiche Hand, die in eine andere Hand hineingelegt wird. Kommt Ihr Kind im späteren Leben zu einem Vorstellungsgespräch für das Schulpraktikum oder die Ausbildungsstelle, wird ihm ein schlaffer Händedruck schnell als Unsicherheit und mangelnde Tatkraft ausgelegt.

Weitere Tabus sind:

- gähnen mit offenem Mund,
- kratzen,
- nesteln an der Kleidung,
- spielen mit den Haaren.

Niemand schaut gerne in den weit geöffneten Mund eines anderen – außer, man ist behandelnder Zahnarzt. Alle anderen Beschäftigungen mit dem eigenen Körper, egal ob es Nägel lackieren, Pickel ausdrücken, frisieren oder kratzen ist, gehören definitiv nicht in die Öffentlichkeit.

Käppi auf dem Kopf

Dieter möchte das zweiwöchige Schulpraktikum in einer Zoohandlung machen. Er liebt Tiere über alles. Deshalb soll sein späterer Beruf unbedingt etwas mit Tieren zu tun haben. Er ist aber noch nicht sicher, welchen Beruf er genau erlernen will. Die Zoohandlung scheint ihm ein guter Einstieg. Sorgfältig hat er sich auf das Gespräch vorbereitet und sich Argumente überlegt, wie er den Besitzer von sich überzeugen kann. Er weiß, dass er einen guten Eindruck machen muss. Deshalb hat er auch gebügelte Kleidung angezogen und sich die Schuhe geputzt. Sein Käppi ist farblich auf das restliche

Outfit abgestimmt. Als er zu dem Termin kommt, hebt der Besitzer die Augenbraue und meint nach der Begrüßung nur: „So willst du hier aber hoffentlich nicht arbeiten."

Manch ein Jugendlicher ist wie vom Donner gerührt, wenn ihm am ersten Arbeitstag in der Ausbildung gesagt wird, er solle bitte das Käppi ablegen. Dabei sieht es doch so cool aus und gehört einfach zum Outfit. Anscheinend hat noch nie jemand etwas gesagt, weder zu Hause noch in der Schule.

Auch wenn Jugendliche gerne und oft Käppis tragen: Es gilt immer noch die Regel, dass die Kopfbedeckung von Männern in geschlossenen Räumen vom Kopf genommen werden muss. Bei der Arbeit tragen weder Jungen noch Mädchen ein Käppi. Erklären Sie Ihrem Kind, dass andere Menschen es als grobe Missachtung empfinden, wenn das Käppi auf dem Kopf bleibt. Es gilt heute immer noch die Regel, dass ein Mann bei einer Begrüßung auf der Straße seine Kopfbedeckung abnimmt oder zumindest kurz lüftet. Ausgenommen davon ist eine warme Mütze, wenn man zum Beispiel auf dem Weg zum Wintersport ist.

Ein Jugendlicher sollte gelernt haben, dass es ein absolutes Tabu ist, als Mann beim Betreten einer Kirche eine Kopfbedeckung zu tragen. Erklären Sie ihm, dass dies in anderen Religionen genau anders sein kann, dass zum Beispiel im Judentum Männer immer eine Kopfbedeckung tragen, wenn sie in die Synagoge oder auf den Friedhof gehen. Weisen Sie auch darauf hin, dass es zum Beispiel bei den Sikhs für die Männer üblich ist, den Kopf nie zu entblößen und dass außer den engsten Familienangehörigen niemand deren Haare zu sehen bekommt.

Die Sonnenbrille

Teenager finden sich mit Sonnenbrille cool und sehr erwachsen. Schließlich tragen die meisten ihrer Idole fast immer eine, egal ob drinnen oder draußen, tagsüber oder nachts. Machen Sie klar, dass in unterschiedlichen Bereichen des Lebens unterschiedliche Spielregeln gelten. Die Fußballregeln haben beim Schach nichts zu suchen, ein „Abseits“ ist dort einfach sinnlos. Genauso gibt es Regeln, die für bestimmte Berufsgruppen gelten. Banker kleiden sich anders als Popstars, Fußballer anders als der Bundespräsident. Eine Sonnenbrille im normalen Leben aufzubehalten, wenn ich mit anderen spreche, ist unhöflich. Durch die geschützten Augen ist es unmöglich, Blickkontakt aufzubauen und die Mimik des Gesprächspartners zu interpretieren: Das schafft ein ungutes Gefühl.

Breitbeinig sitzen

Es gibt keine eindeutige Übersetzung von körpersprachlichen Signalen. Niemand weiß, was es wirklich bedeutet, wenn das Gegenüber die Arme verschränkt, die Hände hinter den Rücken nimmt oder den Kopf aufstützt. Es gibt nur sehr viele Untersuchungen dazu, wie bestimmte Haltungen auf andere Menschen wirken. Ein breitbeiniges Sitzen auf Stühlen ist für die meisten Menschen ein grober Affront. Es gilt als unhöflich und respektlos. Gewöhnt sich ein Mensch daran, schon von Kind an mit geschlossenen oder nur leicht geöffneten Beinen auf dem Stuhl zu sitzen, dann hat er später keine Probleme damit, richtig zu sitzen. Er muss sich bei der Zusammenarbeit mit Kunden und Vorgesetzten nicht ständig kontrollieren und korrigieren. Ein Hineinsinken in den Stuhl sieht so aus, als wäre man müde, desinteressiert und gelangweilt.

Beim Gehen schlurfen

Hans geht in seiner Funktion als Klassensprecher zum Klassenlehrer der 9a. Alle haben Schwierigkeiten, die Aufgaben für ein großes Projekt bis zum Ende der Woche fertigzustellen. Es macht zwar riesigen Spaß und die Schüler sind ausnahmslos mit Engagement dabei. Doch es ist abzusehen, dass es zeitlich nicht zu schaffen ist. Hans soll mit dem Lehrer besprechen, ob sie etwas mehr Zeit bekommen, ob es Hilfe geben kann oder ob vielleicht die Aufgabenstellung reduziert werden könnte. Er ist sich sicher, dass er es schaffen wird, mit dem Lehrer eine gute Lösung zu finden. Mit seinem mühsam einstudierten lässigen Gang schlendert er den Flur entlang. Die Schnürsenkel seiner Turnschuhe sind offen – sieht einfach cooler aus. Als er das Anliegen seiner Klasse vorgetragen hat, meint sein Lehrer: „Wenn ihr die Arbeit auch so lässig verrichtet, dann wundert es mich nicht, dass ihr nicht fertig werdet. Gebt einfach mal etwas mehr Gas, dann schafft ihr das schon.“ Unverrichteter Dinge muss Hans wieder zu den anderen zurück und seine Niederlage eingestehen.

Es ist unmöglich, mit der Körpersprache keine Aussage zu treffen. Nicht umsonst verstehen wir bei einer guten Pantomime sofort eine ganze Geschichte, obwohl kein einziges Wort gesprochen wird. Abgesehen davon, dass viele Haltungen wie ein schlurfender Gang nicht sehr gesund sind: Nachlässige Haltung schadet auch auf andere Art und Weise. Wenn die gesamte Ausstrahlung durch das Sich-gehen-lassen nach Müdigkeit, Langsamkeit oder Desinteresse aussieht, dann wird diese Einstellung automatisch unterstellt. Und das ist in den seltensten Fällen hilfreich.

Blickkontakt

Gerade kleine Kinder starren andere Leute oft völlig ungeniert und voller Faszination an. Je ungewöhnlicher der betrachtete Mensch aufgrund von besonderer Kleidung, anderer Hautfarbe oder einer Behinderung ist, desto interessanter ist es für Kinder. Die Kleinen haben noch kein Gespür dafür entwickelt, wie es sich anfühlt, so angestarrt zu werden. Es ist für kleine Menschen nicht so einfach, den Unterschied zu erkennen, wann sie denn nun jemand anschauen müssen und wann sie das nicht sollten. Denn es gibt Situationen, in denen Kinder zwar grüßen, aber blicklos mit einem gemurmelten Gruß an Erwachsenen vorbeirauschen. Das ist grob unhöflich.

„Schau mich an, wenn ich mit dir spreche" ist ein wichtiger Satz. Zwingen Sie dennoch das Kind nie, Sie anzusehen, indem Sie es festhalten.

Es gibt sicher Situationen, in denen Ihr Kind Dinge tut, die ihm selbst etwas peinlich sind. Das ist dann eine gute Gelegenheit, zu sagen: „Es schaut niemand her.“ Oder: „Schön, dass die Leute hier alle so höflich sind. Sie schauen alle weg.“

Praxistipps

1. In manchen Kulturen des asiatischen und muslimischen Raums gilt ein längerer Blickkontakt von Kindern zu Erwachsenen als unhöflich. Sehen Sie es also den Freunden Ihrer Kinder, die Ali, Sevda oder Keiko heißen, nach, wenn sie den Blickkontakt eher vermeiden. Kommen Sie selbst aus diesen Kulturen, so prüfen Sie kritisch, wie Sie Ihr Kind auf ein Leben mit den hiesigen Höflichkeitsformen vorbereiten können und wie sich Menschen aus ihrem eigenen Kulturkreis trotzdem respektiert fühlen.
2. Kontrollieren Sie sich selbst, wie oft Sie mit Ihrem Kind sprechen, während Sie etwas anderes tun und es dabei nicht ansehen.
3. Erklären Sie Ihren Kindern, wie wichtig nonverbale Signale sind und wie sehr die Kommunikation damit gesteuert wird. Nennen Sie Beispiele aus der Seefahrt, wo mit Flaggen kommuniziert wird, der Tauchersprache, von Musikern, die auf die Zeichen des Dirigenten warten, oder anderen Bereichen.

Telefon und Handy

Wiebke, 11 Jahre, zögert den Anruf bei Ihrer Freundin Erika heraus. Eigentlich hatte sie versprochen, sich heute bei ihr zu melden, damit sie sich zum Spielen verabreden können. Aber es ist immer so schwierig bei Erika. Sie hat noch drei Schwestern, alle vier Mädchen und die Mutter melden sich immer mit „Wegener" am Telefon. Da weiß Wiebke nie, ob sie nun mit der Mutter spricht, die sie ja siezen muss, ob es eine der Schwestern ist, die sie nach Erika fragen kann, oder ob es Erika selbst ist. Das ist ihr einfach peinlich.

Am Telefon

Es ist für den Anrufer einfacher, wenn Kinder sich mit Vor- und Zunamen melden. So verstehen sie gerade bei Teenagern, dass sie nicht mit den Eltern sprechen. Üben Sie mit den Kleinen die ersten Anrufe bei Oma oder Tante, damit das Kind lernt, wie es sich dann am höflichsten meldet. „Hallo Oma, hier ist Sara. Wie geht es dir?" Ruft Ihr Kind in einer anderen Familie an, um mit einer Freundin zu sprechen, so sollte es sich etwa so melden: „Guten Tag, Frau Müller. Hier spricht Sara Kramer. Kann ich bitte mit Sabine sprechen?"

Die Kinder sollen lernen, dass es einen Anrufer im Zweifelsfall nichts angeht, wo die Eltern gerade sind. Das ist für die Kleinen noch nicht so einfach, die sagen dann schon mal „Mama ist auf dem Klo". Machen Sie kein Drama daraus, erklären Sie den Kleinen einfach freundlich, warum Sie nicht möchten, dass andere Menschen das erfahren. Üben Sie mit den Kindern, was sie am Telefon sagen sollen und wie sie Namen und Telefonnummer aufschreiben können.

Manches bleibt besser in der Familie ...

Wenn Sie gerade selbst telefonieren und ein Kind will Ihnen unbedingt etwas erzählen, signalisieren Sie ihm zumindest, dass Sie das wahrgenommen haben. Sagen Sie ihm, dass Sie gerade ein Gespräch haben und gleich wieder für die Familie da sind. Es ist ein langwieriger Prozess, den Unterschied zu lernen, dass die Eltern bei jedem Telefonat unterbrochen werden dürfen, wenn es etwas wirklich Dringendes gibt, das sofort geklärt werden muss – etwa weil ein Unglück passiert ist –, oder ob es einfach etwas Spannendes zu erzählen gibt. Es ist sicher schwierig, damit zu warten, bis die Mutter endlich ihr Geplauder mit der besten Freundin beendet hat, aber es ist ein Zeichen der Achtung vor anderen, nicht immer zu verlangen, dass die eigenen Bedürfnisse sofort befriedigt werden, egal, was der andere gerade macht.

Treffen Sie mit den anderen Familienmitgliedern klare Vereinbarungen darüber, wann Anrufe erwünscht sind. Jede Familie hält andere Essens- und Schlafzeiten. Sie vermeiden Ärger, wenn die Kinder ihren Freunden sagen können, dass Sie jeden Abend von 18.00 bis 19.00 Uhr gemeinsam essen oder dass am Wochenende alle gern lange schlafen und bitte niemand vor 11.00 Uhr anrufen soll.

Auch für Sie gelten folgende Tabus am Telefon:

- rauchen,
- trinken,
- essen,
- andere ohne Abstimmung mithören lassen,
- am Computer weitertippen oder im Topf rühren,
- andere Nebengeräusche produzieren.

Das ist wichtig:

- deutliche Aussprache,
- klare Stimme,
- gemäßigtes Sprechtempo,
- Freundlichkeit,
- Verbindlichkeit,
- korrekte Wortwahl.

Handy

Zu den absoluten „Todsünden“ gehört ein klingelndes Handy bei folgenden Gelegenheiten:

- bei einer Beerdigung,

- bei einer Gedenkveranstaltung,
- bei einer Ehrung,
- im Theater,
- in der Oper,
- in Konzerten,
- in der Kirche,
- im Museum,
- in einer Ausstellung,
- bei Lesungen,
- bei feierlichen Veranstaltungen.

Bei diesen Anlässen ist ein Handyklingeln eine Respektlosigkeit und stört alle anderen, die diesen besonderen Moment bewusst erleben wollen. Dann sollte ein Handy immer verdeckt getragen oder eingesteckt sein, auf keinen Fall sichtbar. Kinder, die ein Handy neu bekommen, fühlen sich damit oft ganz besonders toll und erwachsen. Deshalb möchten sie es als stolzer Besitzer besonders oft benutzen. Gehen Sie bei Ihrer Handynutzung mit gutem Beispiel voran und erklären Sie, wann und warum es andere Menschen stören kann. Kinder, die nur einen festen Betrag pro Monat zur Verfügung haben, schränken ihre Telefonate mit der Zeit automatisch ein.

Bei diesen Gelegenheiten sollte ein Handy nach Möglichkeit ausgeschaltet sein:
- bei einem gemeinsamen Gespräch,
- beim Essen,
- bei einer lockeren Party.

Gehen Sie auch hier vorbildlich mit der Situation um, wenn Sie unbedingt erreichbar sein müssen. Schalten Sie das Handy auf lautlos und Vibrationsalarm. Tragen Sie es am Körper und sagen Sie den anderen kurz Bescheid, dass Sie auf einen Anruf warten. Verlassen Sie dann die Runde mit einer kurzen Bitte um Entschuldigung und führen Sie ein möglichst kurzes Gespräch außer Hörweite.
Nur wenn Sie so vorbildlich mit dem Handy umgehen, wird Ihr Kind sich diese Umgangsformen automatisch zu eigen machen.

Praxistipp
Kindertelefone bieten genügend Möglichkeiten für lustige Rollenspiele, in die die Eltern alles einbauen können, was im Umgang miteinander wichtig ist.

Die sogenannten „Zauberwörter"

Britta Hausmann freut sich. Sie wird heute endlich wieder mal einen Abend bei ihrer Freundin verbringen. Sie haben sich lange nicht gesehen, es gibt viel zu erzählen und sie wollen sich auch über ihre Erziehungsmethoden austauschen. Schließlich haben sie beide Kinder fast im gleichen Alter. Doch nach dem Besuch ist sie verunsichert. Bei fast jedem Satz des achtjährigen Sohnes sagt ihre Freundin mit bohrendem Blick und strenger Stimme: „Ich höre nichts!" Quetscht der Sohn dann ein „Bitte" oder „Danke" hervor, nickt seine Mutter und sagt: „Na also, geht doch." Aber ob er so wohl Höflichkeit lernt?

Bitte

Ist das Wort „Bitte“ auch bei den Erwachsenen Ihrer Familie eine Selbstverständlichkeit, die jede kleine Handlung des Alltags begleitet? Fragen Sie immer „Kannst du mir bitte die Butter reichen?“, „Schenkst du mir bitte noch eine Tasse Tee ein?“, „Bringst du mir aus der Stadt bitte die Sachen von der Reinigung mit?“ Wenn Sie selbst es so konsequent vorleben, dürfte es nicht schwierig sein, dass Ihr Kind diese Haltung übernimmt.

Wichtig ist, dass Kinder schon von klein auf lernen, dass ihre Bitten gerne gehört und leichter erfüllt werden, wenn sie freundlich und mit einem „Bitte“ vorgetragen werden. „Kann

„Bitte“ und „Danke“ können Wunder wirken ...

ich bitte noch ein Stück Schokolade haben?" – darauf werden kluge Eltern freundlich reagieren und zumindest ein kleines Stück geben oder liebevoll auf „nach dem Essen" verweisen. „Ich will noch Schokolade" bleibt am besten unkommentiert. Jeder Erwachsene, der Kunden, Kollegen, Mitarbeiter oder Vorgesetzte um etwas freundlich bittet, hat bessere Chancen, dass seine Wünsche oder auch Anordnungen realisiert werden. Jeder arbeitende Mensch, der Dinge hört wie „Rufen Sie mal den Müller an", „Sie halten dann die Präsentation", „Schicken Sie uns ein Angebot" wird es zwar vermutlich machen, aber weniger Freude, Engagement, Tempo und Kreativität an den Tag legen, als möglich wäre.

Danke

Prüfen Sie auch hier zunächst wieder kritisch, was Sie Ihrem Kind vorleben. Sagen Sie „Danke", wenn Ihnen ein Familienmitglied das Salz über den Tisch gereicht hat? Bedanken Sie sich bei der Verkäuferin für das Überreichen der Ware, beim Postboten für das Aushändigen eines Paketes? Bedanken Sie sich auch bei den Kleinen, wenn diese Ihnen stolz ein selbst gemaltes Bild schenken?
Ein „Danke" muss für die kleinen Alltagsgesten genauso selbstverständlich werden wie das „Bitte". Nur wenn diese Worte automatisch – ohne nachzudenken – kommen, ist sicher, dass sie in wirklich jeder Situation gesagt werden.
So wie bei „Bitte" gibt es auch die förmlichere Variante, um einen Dank auszusprechen: wenn jemand etwas Besonderes für Sie gemacht hat oder wenn Sie ein Geschenk bekommen

haben. Kleinere Kinder brauchen Anleitung, indem sich die Eltern mit ihnen gemeinsam ans Telefon setzen, um der entfernt wohnenden Großmutter für das Geburtstagsgeschenk schon einmal mündlich zu danken.
Ein Dank für eine besondere Leistung, Hilfe oder ein Entgegenkommen erfordert bei höflichen Erwachsenen ebenso ein paar geschriebene Zeilen wie für ein schönes Geschenk. Kinder können beispielsweise ein Bild malen, das dann an den großzügigen Schenker geschickt wird.

Entschuldigung erbitten

Jeder macht Fehler, jedem geht etwas daneben, jeder sagt gelegentlich Dinge, die beim anderen nicht gut ankommen. Deshalb ist es wichtig, dass das Bitten um eine Entschuldigung zu einer Selbstverständlichkeit wird. Auch ein vergessener Geburtstag schmerzt nicht mehr so sehr, wenn eine ehrlich gemeinte Bitte um Entschuldigung folgt. Achten Sie dabei auf Ihre Wortwahl: Man kann sich nicht entschuldigen, man kann nur um Entschuldigung bitten. Der andere kann sie dann (hoffentlich) gewähren – oder er tut es nicht. Also: „Entschuldige bitte“ oder „Verzeih mir bitte“, aber nicht „Ich entschuldige mich dafür“.
Lehren Sie Ihre Kinder schon früh um Entschuldigung zu bitten. Lassen Sie Ungeschicklichkeiten der Kleinen nicht ohne Kommentar, sondern sagen Sie ruhig, dass Ihnen ein versehentlich ausgeführter Stoß beim Spiel wehgetan hat. Gehen Sie auch hier mit gutem Beispiel voran und bitten Sie Ihre Kinder um Verzeihung, wenn Ihnen ein Missgeschick passiert

ist, Sie etwas vergessen haben oder eine Vereinbarung nicht einhalten können.

Zeigen Sie Ihren Kindern auch den Unterschied zwischen den kleinen Missgeschicken des Alltags, bei denen eine Bitte um Verzeihung genügt, und vermitteln Sie, was schwerwiegendere Fehler oder Missverständnisse sind, zu denen ein kleines Kärtchen oder ein paar Blumen, ein Stück Schokolade oder ein Bild zur Bitte um Entschuldigung gehören.

Praxistipps

1. Wenn Ihr Kind etwas möchte und dies ohne „Bitte" formuliert, so probieren Sie einfach einmal aus, was passiert, wenn Sie dann gar nichts machen.
2. Lassen Sie Ihr Kind nach Weihnachten und seinem Geburtstag Dankeskärtchen malen oder schreiben.
3. Geben Sie ein gutes Vorbild, indem Sie beim Einkaufen immer sagen: „Geben Sie mir bitte 100 Gramm Kochschinken" und nicht: „Ich bekomme 100 Gramm Kochschinken" oder nur die Kurzversion „100 Gramm Kochschinken".
4. Wenn Ihr Kind irgendwo etwas angestellt hat und nun um Entschuldigung bitten muss, so lassen Sie gerade kleinere Kinder nicht alleine gehen, sondern begleiten Sie diese auf dem schweren Weg.

Übung
Gehen Sie am Ende jeder Woche kritisch die vergangenen Tage durch. Haben Sie die anderen Familienmitglieder auch um Entschuldigung gebeten, wenn Ihnen etwas passiert ist, das nicht hätte sein sollen?

Ordnung

Es ist nicht so einfach für Erwin Mann. Als alleinerziehender Vater sieht er sich mit vielen Problemen konfrontiert, die er kaum lösen kann. Es ist ihm wichtig, dass die Kinder sich in der kleinen Wohnung entfalten können und genügend Platz zum Spielen haben. Aber wenn er nachts aufstehen und im Dunkeln auf die Toilette gehen will, tritt er oft versehentlich auf herumliegendes Spielzeug und macht es damit kaputt. Neulich ist er über das Schaukelpferd gestolpert und hat sich einen großen blauen Fleck geholt. Die Kinder brauchen Platz, aber es kann nicht so weitergehen, dass alle seine Bitten um ein wenig Ordnung einfach ignoriert werden.

Ordnung gehört zu den grundlegenden Höflichkeitstugenden und zu einer wichtigen Fähigkeit, sich das Leben und die damit verbundenen Aufgaben zu strukturieren und zu bewältigen. Ordnung hat viel mit Achtung vor anderen zu tun. Was mute ich anderen Augen zu? Wie sehr belege ich Raum, der für alle da ist?
Ihre persönliche Haltung zum Thema „Ordnung“ wird dabei die Einstellung Ihrer Kinder sehr stark beeinflussen. Haben Sie automatisch Begriffe wie „zwanghaft“ oder „starres Prin-

zip – Ordnung nur der Ordnung halber“ und nicht „Ordnung macht das Leben leichter“ im Kopf? Dann wird es auch Ihren Kindern wenig Freude bereiten, dem nachzugehen, was ihnen eigentlich zu eigen ist und zu ihrer Natur gehört: Dinge zu sortieren.

Je mehr Ordnung Sie selbst in Ihrem Haushalt haben, desto einfacher ist es für das Kind, auch Ordnung zu halten und im Haushalt mitzuhelfen. Wenn klar ist, wo bestimmte Teller hingehören, wenn die Spülmaschine ausgeräumt wird, und wenn es für jedes Kind einen eigenen Haken an der Garderobe gibt und es bestimmte Fächer in seinem Schrank für Socken, Unterwäsche und T-Shirts hat, dann kann es verlangte Leistungen leichter erfüllen. Überprüfen Sie, ob die Ordnungshilfen wie Kisten, Schubladen und Ablagefächer dem Kind wirklich dienlich sind. Nur wenn es die angebotene Struktur versteht und schätzt, wird es diese auch nutzen. Jedes Kind hat seine eigene Idee, welche Dinge zusammengehören. Da ist es nicht sinnvoll, wenn die Eltern ihre Ideen „überstülpend“ durchsetzen.

Ordnung ist das halbe Leben

Je später ein Kind für die eigene Ordnung im Kinderzimmer sorgen muss und je später es Aufgaben im Haushalt bekommt, umso weniger wird es einsehen, warum das auf einmal alles nötig ist. Je selbstverständlicher auch die ganz Kleinen etwas zum Esstisch tragen müssen oder gemeinsam mit den Eltern den Wohnzimmerboden von den Bauklötzen befreien, umso normaler wird Ordnung und Mithilfe.

Dulden Sie auf keinen Fall, dass es nur mit einem Hindernislauf möglich ist, sich durch die Wohnung zu bewegen, weil überall Spielsachen liegen. Es ist gemeinsamer Raum – alle sollen ihn nutzen können.
Sorgen Sie bei der Mithilfe im Haushalt für feste Aufgaben, die jedes Kind hat. Manchmal ist beispielsweise ein bestimmter Tag in der Woche günstig, an dem das Kinderzimmer komplett aufgeräumt sein muss.

Auch andere feste Rituale helfen. Zum Beispiel:

- Schmutzige Wäsche wird gleich in den Wäschekorb gelegt.
- Neue Kleidung für den nächsten Schultag wird am Vorabend herausgelegt.
- Das Bett wird ordentlich aufgeschüttelt, bevor das Kind zur Schule geht.
- Die Aufforderung „Räum dein Zimmer auf!“ wird von manchen Kindern nicht deshalb verweigert, weil sie keine Lust haben, sondern weil sie nicht verstehen, was zu tun ist. „Aufräumen“, was soll das heißen? Für sie ist es in Ordnung, wie es gerade aussieht. Denken Sie also auch hier immer daran, klar zu formulieren: „Sammle alles ein, was auf dem Fußboden liegt und packe es in die richtigen Kisten.“

Praxistipps

1. Lassen Sie jedem Kind eine Kiste oder eine „Kramschublade“, die nicht geordnet sein muss, sondern in die alles hinein darf, was entweder nirgendwo dazupasst oder was gerade nicht aufgeräumt werden soll.
2. Blockiert Ihr Kind mit seinen Spielsachen die gesamte Wohnung und räumt es sie trotz Aufforderung nicht weg, so können Sie diese Spielsachen selbst wegräumen und für eine Woche einbehalten.
3. Hüten Sie sich davor, die Kinder für kleine Aufgaben des Alltags zu bezahlen. Erstens bekommen Sie ja auch kein Geld dafür, zweitens fördern Sie damit nicht das Verantwortungsgefühl. Als letzte Konsequenz kann es Ihnen passieren, dass das Kind bei jeder Bitte um Hilfe fragt: „Und was bekomme ich dafür?“
4. Geben Sie Ihren Kindern auch interessante und schöne Aufgaben zum Mithelfen. Wenn es immer nur den Müll wegbringen muss, ist das nicht sehr motivierend.
5. Setzen oder erfragen Sie klare Zeitpunkte, bis wann etwas erledigt werden muss, und geben Sie sich nicht mit „später“ zufrieden.
6. Zwingen Sie die Kinder nicht, ihre Lieblingsbeschäftigung zu unterbrechen, um sofort zu helfen, sondern vereinbaren Sie, wie lange sie damit noch beschäftigt sein dürfen, um dann zu helfen.
7. Machen Sie Listen mit kleinen Aufgaben, die die Kinder dann abarbeiten und abhaken können. Das ist oft motivierender und auch klarer als ein großer Brocken wie „Zimmer aufräumen“.

8. Schreiben Sie zum Beispiel am Wochenende alle Aufgaben auf kleine Kärtchen, die erledigt werden müssen und lassen Sie die Kinder eine vereinbarte Anzahl davon aussuchen.
9. Bieten Sie Anreize: „Wenn du bis 17.00 Uhr mit dem Aufräumen fertig bist, habe ich noch Zeit, mit dir zu spielen."

Spiele

1. Räumen Sie mit kleinen Kindern gemeinsam auf und machen Sie eine Wette, wer am schnellsten den größten Haufen Lego in einer Kiste hat oder wer die meisten blauen Bauklötze findet.
2. Spielen Sie mit den Kleinen das Aufräumen als Tier. So können Sie jeden Tag ein anderes wählen: brummend wie ein Bär und mit schwerfälligen Bewegungen Klötze wegräumen oder hüpfend wie ein Vogel mit „piep, piep" alles einsammeln.

Pünktlichkeit

Birgit, 15 Jahre, ist glücklich. Endlich hat es geklappt und Sven, der Junge ihres Herzens, hat sich mit ihr verabredet. Sie wollen sich um 15.00 Uhr zum Eis essen treffen. Sorgfältig probiert sie verschiedene Kleidungsstücke an, bis sie endlich zufrieden mit sich ist. Noch um kurz vor 15.00 Uhr ist sie im Badezimmer und frisiert sich. Als sie um zwanzig nach drei im Eiscafé ankommt, ist von Sven nichts zu sehen. Nervös wartet sie eine Weile und geht traurig wieder nach Hause. Er ist nicht gekommen! Sicher wollte er sie nur auf den Arm nehmen.

Wie soll sie nur den nächsten Schultag überstehen? Auch vor den anderen, die fragen werden, wie die Verabredung war, ist es ihr peinlich. Kühl geht Sven am nächsten Morgen auf sie zu. „Du hättest wenigstens absagen können, wenn du schon nicht kommst!" Jetzt ist Birgit wie vom Donner gerührt …

Es ist ein bekanntes Phänomen, dass in vielen Städten der Schulunterricht nicht mehr pünktlich beginnt, da die meisten Schüler es einfach nicht schaffen, zu Beginn der ersten Stunde anwesend zu sein. Deshalb wurden vielerorts Methoden an den Beginn des Tages gesetzt, die es ermöglichen, dass die Schüler irgendwann dazukommen können. Erst wenn alle vollzählig sind, geht es mit dem eigentlichen Unterricht und der Vermittlung des Stoffes los.

Die Arbeitswelt ist da nicht so geduldig. Viele Ausbildungsverhältnisse scheitern schon in der Probezeit. Die Auszubildenden schaffen es nicht, jeden Tag wirklich pünktlich zu erscheinen und zeigen überdies teilweise wenig Verständnis dafür, dass ihr Arbeitsbeginn fünf Minuten nach der Zeit zu einer Ermahnung führt. Neu ist auch für viele der jungen Leute, dass eine Pause von 15 Minuten nicht bedeutet, irgendwo eine Viertelstunde Pause zu machen und dann zurückzukehren, sondern nur insgesamt 15 Minuten vom Arbeitsplatz weg zu sein.

Im internationalen Geschäft sind die Deutschen dafür bekannt, besonders pünktlich und zuverlässig mit Terminen aller Art zu sein. Das wird weltweit sehr geschätzt. Dennoch ist es heute immer häufiger so, dass es in vielen Unternehmen mit dem Thema Pünktlichkeit Probleme gibt. Sitzungen können nicht zum angegebenen Zeitpunkt beginnen, weil noch nicht alle da sind. Besprechungen werden ständig gestört und dadurch uneffektiv, da alle paar Minuten ein neuer Teilnehmer dazukommt. Viele Arbeitnehmer halten es auch nicht für nötig, die Verspätung wenigstens mit dem Handy anzukündigen, und wundern sich, wenn sich jemand beschwert: Es waren doch nur zehn Minuten, das ist doch eigentlich nicht zu spät ...

Alles zu seiner Zeit – aber bitte pünktlich

Unpünktlichkeit ist eine Art Diebstahl: Ich stehle anderen Menschen ihre kostbare Zeit, in der sie auf mich warten. Vielleicht leben Sie in Ihrer Familie recht entspannt und nehmen es nicht so genau mit kleinen Verspätungen. Ihr Kind muss jedoch erkennen, dass dies nicht für alle Menschen gilt. Viele interpretieren es als Missachtung ihrer Person, wenn jemand die gemachte Zusage nicht einhält und zu spät kommt. Das kann fatale Folgen für Berufs- und Privatleben haben.

Hier ist Pünktlichkeit auf die Minute gefordert:

- bei einer Einladung zum Essen,
- Schul- oder Arbeitsbeginn,
- Theater, Oper, Konzerte (außer Popkonzerten),
- beim Abholen,
- bei festen Verabredungen, zum Beispiel um gemeinsam zu lernen,
- Sport- oder Musikstunden.

Hier gibt es eine Toleranzgrenze von rund 15 Minuten:

- Einladung zu einer Party,
- Verabredung zum lockeren Beisammensein.

Praxistipps

1. Prüfen Sie bei einem Kind, das zu einem bestimmten Termin immer zu spät kommt, ob es dort eventuell nicht gerne hingeht und warum das so ist.
2. Überlegen Sie bei Kindern, die generell zu spät kommen, ob sie vielleicht zu viele Termine haben und sich somit ein wenig Freiraum verschaffen wollen.

Privatsphäre

Cornelia Lustig, 10 Jahre, hat zum Geburtstag eine eigene Kamera bekommen. Nun möchte sie einige der Fotos, die sie auf der Klassenfahrt gemacht hat, als Papierabzug haben. Ihre Mutter bringt den Film zum Entwickeln und holt ihn auch wieder ab. Auch sie ist gespannt und öffnet den Umschlag mit den Bildern. Als Frau Lustig ihrer Tochter am Nachmittag die Bilder mit den Worten „Die Aufnahmen sind wirklich toll!“ gibt, fängt Cornelia an zu weinen und schreit „Das sind meine Fotos!“ Frau Lustig ist wie vom Donner gerührt. Schließlich hatte die Tochter doch angekündigt, dass sie ihr die Fotos zeigen werde. Was das nun wieder soll?

Anklopfen

Je größer ein Kind wird, desto mehr braucht es die Möglichkeit, sich ungestört in sein Zimmer zurückzuziehen. Hier sollte es auch wirklich ungestört sein dürfen. Treffen Sie in Ihrer Familie deshalb klare Absprachen, wie Sie alle mit geschlossenen Zimmertüren umgehen und wann jeder in die Räume der anderen kommen kann. Lehren Sie Ihr Kind, wenn Sie gemeinsam unterwegs sind, dass eine offene Tür nicht immer bedeuten muss, dass jeder eintreten darf. Leben Sie vor, wann es ein öffentlicher Raum ist – wie beispielsweise Wartebereiche, bei denen nicht geklopft wird. Bleiben Sie auch bei offenen Türen, zum Beispiel bei Büros in der Schule, stehen, klopfen Sie an die Tür und warten Sie auf ein Zeichen, dass Sie eintreten dürfen.

Lehren Sie Ihr Kind auch den Diskretionsabstand bei Post- und Bankschaltern, wenn Sie gemeinsam unterwegs sind.

Ein Kind muss verstehen, wann es zu Ihnen ins Bad oder Schlafzimmer kommen darf. Überdenken Sie auch, wann Sie aufhören, ungefragt zu Ihren Kindern ins Bad zu kommen. Bei Kleinkindern ist das sicher noch normal. Der Übergang zum Teenager, der ein Schamgefühl für seinen Körper entwickelt hat und sich so vielleicht nicht vor den Eltern entblößen möchte oder dabei ertappt werden will, wie er seine ersten Barthaare zählt, ist fließend. Nur ein Kind, dem dieser Respekt vor seiner Person gezollt wird, ist auch in der Lage, anderen die gleiche Achtung gegenüber deren Privat- und Intimsphäre zu zeigen.

Tagebuch und Briefe

Auch ein Kind hat Anspruch darauf, dass es bestimmte Dinge ganz für sich behält. Nur wenn Sie berechtigte Sorge haben, dass Ihr Kind Drogen nimmt oder in kriminelle Machenschaften verwickelt ist, dann dürfen Sie nach kritischem Überlegen als letztes Mittel seine persönlichen Dinge durchsuchen. Sonst gilt auch für Sie: Respektieren Sie seine Privatsphäre und zeigen Sie ebenso klar, wo Ihre Grenzen sind. Formulieren Sie deutlich: Wo darf ein Kind dran, in welche Schränke darf es hineinschauen und in welche nicht?

Niesen, husten, schnäuzen

Valerie, 8 Jahre, kommt nach der Schule mit bedrückter Miene zu ihrer Mutter. „Mama, kannst du bitte der Lehrerin sagen, dass ich in der Schule nicht mehr neben Maren sitzen möchte." Die Mutter wundert sich: „Ich dachte, ihr seid so gut befreundet?" „Ja, schon, aber sie niest immer so, dass der ganze Tisch nass ist. Gestern ist sogar die Tinte in meinem Heft verlaufen, sieht aus, als wäre es in den Regen gekommen."

Niesen und husten

Niemand freut sich, wenn er angeniest wird. Sorgen Sie dafür, dass Sie in ein Taschentuch hineinniesen. Wenn Sie es nicht mehr schaffen, da der Niesreiz so plötzlich kommt, sorgen Sie dafür, in Ihre linke Hand zu niesen, am besten auf den Handrücken. Das ist für Ihren Gesprächspartner angenehmer, der Ihnen am Ende des Gesprächs die Hand gibt. Wenn Sie als Erwachsener – zum Beispiel beim Essen – zwischen mehreren Menschen sitzen, dann rücken Sie möglichst mit dem Stuhl ein Stück nach hinten. Auf jeden Fall sollten Sie sich mit dem Kopf ein Stück von Ihrem Nachbarn abwenden. Kleine Kinder können diese Reize noch nicht kontrollieren. Aufmerksame Eltern sagen bei den Kleinen dann nur scherzhafte Kommentare wie „Jetzt bin ich aber ganz schön geduscht worden von dir. Eigentlich war ich heute schon gewaschen", leben es korrekt vor und korrigieren die älteren Kinder, wenn sie sich „wie die Kleinen" benehmen.

Das Papiertaschentuch

Ein Papiertaschentuch wird nur einmal benutzt und dann entsorgt. Alles andere ist eine Zumutung. Dennoch ist es nicht schön, wenn Sie in einem Raum mit mehreren Menschen sind und dort den Papierkorb mit einem Haufen Ihrer benutzten Taschentücher füllen. Das ist nicht nur unästhetisch, sondern auch unhygienisch. Stecken Sie die Taschentücher weg und werfen Sie diese dann in einen geschlossenen Mülleimer oder die Toilette. Erklären Sie Ihren Kindern, warum es unhygienisch ist und wie sich Bakterien dadurch in einem Raum verteilen können. Weisen Sie auch darauf hin, dass es rücksichtslos ist, wenn man zum Beispiel in der Schule die Papierkörbe mit unappetitlichen Dingen füllt, da ein anderer den Müll entsorgen muss.

„Gesundheit“

Ein gut gemeinter Wunsch, der trotzdem falsch ist. Niesen gilt als Fauxpas, als etwas, das eigentlich nicht sein sollte. Somit übergeht man es höflich und tut so, als ob gar nichts gewesen wäre. Mit dem Wunsch „Gesundheit“ wird aber die Aufmerksamkeit auf diesen Fauxpas gelenkt, was dem Nieser dann womöglich peinlich ist – und genau das will man eigentlich vermeiden. In der Familie dürfen Sie den Wunsch „Gesundheit“ als wirklich ehrlichen und ernst gemeinten Wunsch formulieren. Das können Sie mit Ihrer Mimik und Gestik ausdrücken, indem Sie den Niesenden anschauen, Blickkontakt halten und mit einem Lächeln eine persönliche Formulierung sagen. Zum Beispiel: „Oh, du Armer. Ich glaube, nun hast du dich doch erkältet.“ Ihr Kind muss aber lernen, dass das Niesen anderer nicht kommentiert wird. Was Sie auf keinen Fall verwenden sollten: „Zum Wohlsein“. Es ist normalerweise nicht nötig, für ein Niesen um Entschuldigung zu bitten. Sinnvoll ist es jedoch dann, wenn Sie ein Gespräch deshalb unterbrechen mussten.

Kommunikation

Kaum etwas zeugt heute so sehr von sozialer Kompetenz wie die Fähigkeit, gut zu kommunizieren. Worte können verletzen, ein „Nein“ oder auch Kritik gehören aber zum Leben dazu. Vermitteln Sie Ihrem Kind, welcher Sprachgebrauch als unhöflich empfunden werden kann, und wie es sich differenziert, stilvoll und höflich ausdrückt.

Sprachgebrauch

Gundula Huber möchte sich neue Kleidung kaufen. Als sie ihren Wunschpullover endlich findet, liegt er nur in großen Größen im Regal des Kaufhauses. Höflich fragt sie die Verkäuferin: „Guten Tag, sagen Sie bitte, gibt es diesen Rollkragenpullover auch noch in Größe 38?“ Die Verkäuferin antwortet: „Nur was da ist“.

Wir empfinden solche Sätze als unhöflich. In ganzen Sätzen zu sprechen, ist immer höflicher, als lediglich Halbsätze hervorzustoßen. Erwachsene sind oft nur deshalb so unhöflich, weil es ihnen nicht bewusst ist, wie grob sich ihre Äußerungen für andere Menschen anhören. Sie haben es als Kind nicht gelernt und wurden nicht verbessert, wenn sie auf die Frage der Eltern, ob sie noch etwas zu essen möchten, nur mit „Nein“ geantwortet haben oder auf ein Erkundigen, wie es dem Schulfreund Hans geht, der schon lange nicht mehr da gewesen ist, mit „weiß nicht“. Leben Sie es also selbst konsequent vor, in ganzen Sätzen zu sprechen, und halten Sie die Kinder an, es ebenso zu tun. So hören sich dann auch Ablehnungen nicht schroff an.

Beispiele:

Frage	Unhöfliche Variante	Höfliche Variante
Möchtest du noch etwas zu essen?	Nein.	Nein danke. Ich habe keinen Appetit mehr.
Haben Sie den Pullover auch in Größe 40?	Nein. *Oder auch:* Nur was da ist.	Tut mir leid, wir haben nur noch die Pullover, die hier im Regal liegen.
Wie geht es deinem Freund Hans?	Weiß nicht.	Das weiß ich selber nicht so genau. Wir reden nicht mehr so viel miteinander.
Was möchtest du am Wochenende unternehmen?	Egal.	Ich weiß nicht so richtig. Eigentlich ist es mir egal, Hauptsache wir machen etwas zusammen.

Sehr unhöflich ist auch die Angewohnheit „Was?“ zu fragen, wenn etwas nicht verstanden wurde. Die höfliche Variante ist „Wie bitte?“ oder noch besser „Ich habe dich nicht verstanden, kannst du es bitte wiederholen?“

Dialekte

Ein weiterer Punkt, der sich negativ auf die späteren beruflichen Chancen auswirken kann, ist der Dialekt. Mit lokaler Färbung und Betonung zu sprechen, ist nichts Schlechtes, ganz im Gegenteil. Es ist ein Ausdruck von bestimmter Identität und schafft unter Menschen gleicher Herkunft Gemeinschaftsgefühl. Schwierig wird es jedoch, wenn sich Berufstätige quer durch Deutschland bewegen, sei es auf Geschäftsreisen oder weil sie komplett umziehen. Dann kann ein Dialekt stören. Nicht nur, weil die Sprache für manchen Gesprächspartner schwierig zu verstehen ist, sondern auch, weil er die Gefahr birgt, dass derjenige, der von München nach Hamburg gezogen ist, noch lange als Fremdkörper betrachtet wird. Schriftdeutsch zu sprechen, macht vieles leichter und ermöglicht es einem berufstätigen Menschen schneller, sich überall einzufinden, akzeptiert zu werden und so zu sprechen, dass er gehört und verstanden wird.

Die Fähigkeit, sich korrekt in der deutschen Hochsprache auszudrücken, ist in den letzten 20 Jahren immer wichtiger geworden, da es zunehmend weniger selbstverständlich ist, das ganze Leben in der Nähe des Geburtsortes zu verbringen. Kann ein Sprecher als Erwachsener seine dialektale Färbung nicht kontrollieren, so bleiben ihm einige Berufe und Positionen verschlossen.

Wenn Sie also in einer Region leben, in der Dialekt gesprochen wird, darf Ihr Kind ruhig mit seinen Freunden so sprechen. Achten Sie aber darauf, dass zu Hause Schriftdeutsch üblich ist. So wird Ihr Kind beides beherrschen und später keine Probleme damit haben, sich den Dialekt abzugewöhnen, sondern es kann sich flexibel je nach Situation stets angemessen artikulieren.

Jugendsprache

Eine weitere Problematik des Sprachgebrauchs vieler Jugendlicher ist der reduzierte Wortschatz. Hört man Jugendlichen in öffentlichen Verkehrsmitteln zu, bekommt man den Eindruck, dass alle Dinge und Situationen, die als angenehm empfunden werden, mit „cool" oder „Hammer" beschrieben werden. Wenn Sie es Ihrem Kind ermöglichen wollen, die so wichtige Fähigkeit des sprachlichen Ausdrucks zu erlangen und überdies die Möglichkeit, die eigenen Gefühle präzise auszudrücken, dann bohren Sie bei solchen Ungenauigkeiten nach und erkundigen sich, wo denn der Unterschied zwischen der letzten Party und dem neuen Englischlehrer liegt, wenn beide „cool" sind.

Praxistipps

1. Arbeiten Sie selbst an sich, um gutes und korrektes Deutsch zu sprechen.
2. Leben Sie den Kindern vor, dass lesen Freude macht und nicht immer etwas mit lernen zu tun haben muss.

Spiele

1. Spielwarengeschäfte und der Buchhandel bieten eine Reihe von Spielen, die sich mit Sprache beschäftigen. Prüfen Sie, was für die Altersstufe Ihres Kindes angemessen ist, und spielen Sie es gemeinsam.
2. Viele Menschen haben heute einen extrem reduzierten Wortschatz. Um den Reichtum der Sprache kennenzulernen, gibt es viele Spiele, die sich zum Beispiel auch bei langen Autofahrten wunderbar nebenbei durchführen lassen: Zu etwas, das im Vorbeifahren gesehen wird oder das einem gerade einfällt, müssen so viele Synonyme wie möglich gefunden werden: Freund – Kamerad – Gefährte – Partner und so weiter. Ebenso kann man spielen, zu einem Wort viele neue Kombinationen zu finden: Hand – Handschuh – Handstand – Handschlag – Handtuch etc.
3. „Stadt, Land, Fluss" ist ein altes, aber immer noch schönes und brauchbares Spiel, um den Wortschatz und das Wissen zu trainieren.

Modewörter

Paul Gruber, 15 Jahre, kommt vom Einkaufen nach Hause. Er war mit Freunden unterwegs, um sich von seinem Geburtstagsgeld ein paar heiß ersehnte Kleidungsstücke zu kaufen. Seine neue Hose hat er gleich anbehalten. Guter Laune kommt er nach dem Einkauf nach Hause. Als sein Vater die neue Hose sieht, trifft den fast der Schlag. Fassungslos ringt er nach Worten. „Was guckst du, bin isch Kino?", fragt Paul beleidigt.

Liebes Elternpublikum:
Sitzen Sie diese Vorstellung
einfach geduldig aus!

Vermutlich haben sich schon alle Generationen vor uns über bestimmte Modeworte der Jugendlichen aufgeregt. Bisher ist die deutsche Sprache aber immer noch nicht untergegangen. Es gibt daher keinen Grund, sich darüber zu beunruhigen. Es ist normal, dass Jugendliche sprachlich kreativ sind und sich gegenüber den Erwachsenen abgrenzen wollen. Waren es früher Worte wie „dufte", „klasse" oder „stark", so gibt es heute viele Begriffe, die für Außenstehende nicht verständlich oder gar scheußlich sind. Solange die Jugendlichen unter sich sind, ist Jugendsprache völlig in Ordnung. Heranwachsende sollen nur verstehen lernen, dass nicht jeder Begriff für jegliche Gesellschaft geeignet ist. Was die Freunde ganz normal finden, lässt die Großmutter vielleicht nahe der Ohnmacht kommen und einen potenziellen Arbeitgeber doch lieber Abstand nehmen.

In den Großstädten sprechen manche Jugendliche sogenanntes Kiezdeutsch, das aus verkürzten Sätzen und einer bewusst fehlerhaften Aussprache wie bei „Was guckst du, bin isch Kino?" besteht. Beruht die Fähigkeit zur Kommunikation nur auf solchem Deutsch, sieht es mit beruflichen Chancen schlecht aus. Ist es eine Sprache, die nur mit Freunden gesprochen wird, so ist dies einfach eine Phase, die im Allgemeinen auch wieder vergeht.

Schwieriger ist es eher, wenn von der Erwachsenengeneration auf vielen Ebenen negative oder teilweise sogar falsche Vorbilder geliefert werden, sodass es zwischen Schule und dem Freundeskreis wenige Orientierungsmöglichkeiten für die Jugendlichen gibt. Unzulässige Vermischungen von Deutsch und Englisch wie bei „Back-Shop“ oder „für hier oder to go?“ geben ebenso wenig ein gutes Beispiel wie das alltägliche Genuschel an der Kasse „Hamsesnichpassend?“ Die Krone setzen dem Ganzen der falsch gesetzte Apostroph wie bei „Müller's schöne Blumen“ und die vielen Rechtschreibfehler auf.

Möchten Sie also Ihren Kindern die so wichtige Fähigkeit mitgeben, korrekt Deutsch zu sprechen und zu schreiben, so geben Sie ihnen möglichst viel Gelegenheit, mit der Sprache in Kontakt zu kommen: im täglichen Leben in der Familie und im Sprechen miteinander. Nicht nur der aktuelle Duden, sondern auch ein Fremdwörterbuch, eine Grammatik und ein oder zwei Handbücher zu gutem und richtigem Deutsch gehören in jeden Haushalt.

Lesen ist für die Aneignung einer Sprache unerlässlich. Eltern können nicht früh genug mit dem Vorlesen anfangen, um das Sprachgefühl der Kinder zu fördern. Auch bei Bildbänden für die Kleinen können Sie darauf achten, die korrekten Namen zu nennen. Es ist nicht nötig, zu einer Kuh „Da ist eine Muhmuh“ zu sagen.

Schimpfwörter

Auch negative Gefühle wie Zorn, Frust und Enttäuschung dürfen sein und auch gezeigt werden. Aber auch hierbei müssen klare Regeln gelten, damit die Umwelt nicht terrorisiert wird und andere Menschen nicht verletzt werden. Fast alle

Kinder haben eine Phase, in der sie Schimpfworte ausprobieren, die sie irgendwo gehört haben und dann bei jeder Gelegenheit anwenden.

Warum fluchen Kinder und gebrauchen Schimpfworte?

- Sie wollen wie die Erwachsenen sein.
- Sie verlangen nach Aufmerksamkeit.
- Sie demonstrieren ihre Unabhängigkeit.
- Sie brauchen ein Ventil, um negative Gefühle zu kanalisieren.
- Sie möchten von Gleichaltrigen anerkannt werden.

Die meisten Kinder wissen gar nicht, was ein Wort überhaupt bedeutet, wenn sie beginnen, es zu verwenden. Die Nachfrage, ob die Bedeutung klar ist, und eine Erklärung, was damit eigentlich gemeint ist, können hilfreich sein. Auch wenn es Ihnen vielleicht die Schamröte ins Gesicht treibt: Sagen Sie Ihrem Kind ganz präzise, was das Wort bedeutet, und warum es als Schimpfwort deplatziert ist. Machen Sie klar, dass Sie so ein Wort nicht hören wollen und es hier in der Familie unpassend und unerwünscht ist. Kontrollieren Sie sich auch selbst, was Ihnen in Augenblicken des Ärgers so herausrutscht.

Sie werden nie verhindern können, dass Ihr Kind Schimpfworte verwendet oder flucht, wenn es das unbedingt will. Sie können aber verhindern, dass es zu einer ständigen Gewohnheit wird.

Kinder müssen auch erkennen, wie ungeheuer verletzend Worte sein können. Wenn sie also Worte gebrauchen, die an der Würde des anderen kratzen, so ist auch hier wieder die Frage wichtig: „Wie wäre es, wenn andere das zu dir sagen?“

Praxistipps

1. Es muss Möglichkeiten für Aggressionsabbau geben: Wutbälle, die gegen eine Wand geworfen werden dürfen – oder Ähnliches – lassen dies auch in kleinen Wohnungen zu.
2. Machen Sie klar, welche Worte Sie in der Familie nicht hören wollen.
3. Manche Familien schwören auf ihre „Schimpfwortkasse“ in die jeder – auch die Eltern – einzahlen müssen. Allerdings ist es weniger hilfreich, wenn Sie sich dann alle einen Kinobesuch vom eingezahlten Geld gönnen, als wenn das Geld gespendet wird.

Spiel

Erfinden Sie mit den Kindern lustige Wörter, die ein Ersatz für obszöne Schimpfworte sind, aber die gleiche Funktion haben.

Wertschätzend miteinander kommunizieren

Svenja, 8 Jahre, schämt sich. Dabei hatte sie sich so auf diesen Tag gefreut! Endlich ist ihre neue Freundin Katharina nach der Schule mit zu ihr nach Hause gekommen. Als die beiden Mädchen gemeinsam mit Svenjas Mutter und Bruder Mittagessen, beugt sich Katharina immer wieder zu Svenja hinüber und flüstert ihr ins Ohr, was ihr gerade über den heutigen Schultag eingefallen ist. Svenja ist das peinlich. Jetzt wird ihr Bruder bestimmt denken, dass sich Katharina über seine Brille lustig macht, die er sowieso so hasst. Dabei erzählt sie nur harmlose Sachen. Aber warum muss sie bloß flüstern?

Zuzuhören und sich auf angemessene Art und Weise am Gespräch zu beteiligen, ist in Schule und Beruf nur möglich, wenn ein Kind diese Fertigkeit zu Hause erlernt hat. Das geht natürlich nur, wenn in der Familie überhaupt miteinander gesprochen wird und auch die Erwachsenen untereinander höflich sind.

Eltern, die vor den Kindern in einer Fremdsprache reden, damit die Heranwachsenden nichts verstehen, machen nichts anderes als Menschen, die miteinander flüstern. Beides ist unhöflich und den Anwesenden gegenüber respektlos. Denn sie schließen anwesende Personen von der Kommunikation

Flüstern grenzt andere Menschen aus.

aus und lassen sie das auch noch spüren. Eine deutlichere Form der Missachtung gibt es im Gespräch kaum. Möchten Sie Dinge miteinander besprechen, die nicht für alle Ohren gedacht sind, so bitten Sie die andere Person in eine ruhige Ecke oder an einen anderen Ort.

Verschwiegenheit und Diskretion sind wichtige soziale Fähigkeiten, die erst erlernt werden müssen. Nicht umsonst gibt es den Spruch „Kindermund tut Wahrheit kund“. Solange die Kinder noch zu klein sind, um zu verstehen, was ein Geheimnis bleiben muss, müssen Sie sich in deren Gegenwart zurückhalten, wenn Sie keine unliebsame Überraschung erleben wollen. Es ist nicht einfach für ein Kind zu unterscheiden, welche Art von Kommunikation für die Öffentlichkeit gedacht ist, und was lieber unter vier Augen oder in kleinem Kreis besprochen werden sollte. Kinder lieben jedoch Geheimnisse. Sagen Sie also deutlich: „Das bleibt unter uns“ oder „Das bleibt bitte hier in der Familie“. Wenn Kinder verstehen, dass es Dinge gibt, die nicht nach außen getragen werden dürfen, stärkt dies zudem das Gefühl des Zusammenhalts und das Vertrauen in die Eltern.

Kleine Regeln fürs Zusammenleben

Lauschen ist würdelos – auch für Eltern. Haben Sie Sorgen, mit wem Ihr Kind über was spricht, dann machen Sie das zum Thema und belauschen Sie keine Telefonate. Sie untergraben damit Ihre Vertrauensstellung und geben nur ein schlechtes Beispiel.

Wer schreit, hat schon verloren. Schreien ist immer ein Zeichen von Hilflosigkeit, weil alles andere in diesem Moment nicht funktioniert. Dulden Sie nicht, dass Ihr Kind außerhalb des Kleinkindalters, wenn es noch nicht anders kommunizieren kann, schreit, und schreien auch Sie selbst möglichst nicht. Wenn Sie doch einmal schreien sollten, weil Sie einfach die Nerven verloren haben, dann wird auch allen klar sein, dass es eine Ausnahmesituation war und dass gerade alle Grenzen um Kilometer überschritten wurden.
Wann und wie ein Gespräch unterbrochen werden darf, bedarf einer Abmachung. Kinder, die Gespräche von Erwachsenenrunden alle fünf Minuten stören, weil sie unbedingt noch etwas loswerden müssen, rauben Eltern den für sie wichtigen Freiraum. Die Kinder lernen auch nicht, sich selbst zurückzunehmen und die Interessen anderer zu respektieren. Kinder, die allerdings nicht wissen, ob sie denn jetzt stören dürfen, die aber eine wichtige Frage oder Bitte haben, sind verunsichert und fühlen sich von den Eltern allein gelassen.

Sprechen Sie selbst wertschätzend mit den Kindern:

- Hören Sie zu.
- Nehmen Sie das Kind mit seinen Äußerungen ernst.
- Disqualifizieren Sie keine Meinungen.
- Fragen Sie in Gesprächen nach.
- Zeigen Sie Gefühle, wenn Sie zuhören.
- Verwenden Sie keine kryptischen Anspielungen, die nur Ihr Partner versteht, wenn die Kinder dabei sind.
- Sorgen Sie für klare Gesprächsregeln in der Familie.

Gesprächsregeln in der Familie können sein:

- Es spricht immer nur eine Person.
- Es werden keine Schimpfworte verwendet.
- Niemand wird ausgelacht.
- Es darf alles gesagt werden.
- Der Ton ist immer höflich.

Wer einen dringenden Einwurf machen will und nicht warten kann, bis ein anderer mit dem Sprechen fertig ist, der gibt ein Handzeichen.

Praxistipps

1. Bei vielen und sehr lebhaften Kindern eignet sich manchmal so etwas wie ein „Redestein". Das kann ein Stein oder Ball sein. Nur wer ihn gerade in der Hand hat, darf seine Geschichten erzählen, die anderen dürfen auch nicht unterbrechen.
2. Legen Sie gemeinsam feste Regeln für die Kommunikation in der Familie fest. Schreiben Sie diese Regeln dann auf ein schönes Papier, dass Sie vielleicht rahmen können. Darauf könnte dann stehen: „Damit sich hier alle wohlfühlen, gelten folgende Regeln ..." Alle Familienmitglieder unterschreiben die vorher besprochenen und gemeinsam festgelegten Regeln.

Schreiben

Toni, 13 Jahre, staunt nicht schlecht, als er das erste Mal bei seinem Freund Hubert übernachtet. Die Familie hat ein Gästebuch. Alle, die zu Besuch gewesen sind, sollen etwas hineinschreiben. So etwas hat er noch nie gesehen. Er wird sehr verlegen, als die Eltern ihn freundlich fragen, ob er nicht auch etwas hinzufügen möchte. Er würde so gerne etwas Nettes schreiben, denn er hat das Wochenende sehr genossen. Sie haben tolle Ausflüge gemacht, viel erlebt, das Essen war wunderbar. Sogar seine Lieblingsspeise wurde extra gekocht! Aber so etwas kann er doch wohl nicht schreiben, oder? Er wird immer nervöser, denn er möchte nicht undankbar sein und nichts schreiben. Wenn er nur wüsste, was man in ein Gästebuch schreibt!

Bei allen Möglichkeiten der modernen Kommunikation wie Telefon, SMS, Skype, Twitter oder E-Mail: Briefe sind immer noch ein wichtiges Mittel, um eine ganz persönliche Botschaft zu verschicken. Das gilt nicht nur für Kinder, sondern auch für Erwachsene. Jeder freut sich, wenn er nach einem Fest von den Gästen ein paar handgeschriebene Zeilen im Postfach findet. Im Arbeitsleben ist diese Form des Dankes in manchen Branchen so selten geworden, dass diese raren Exemplare dann nach einem betrieblichen Fest durch die ganze Abteilung wandern. Ein wunderbares Mittel also für den Schreiber, in guter Erinnerung zu bleiben. Lernen Kinder schon früh, dass auch Handgeschriebenes zum Leben dazugehört, dann werden sie es auch im Arbeitsleben später nutzen können.

Bei Bewerbungen um ein Praktikum oder einen Ausbildungsplatz spielt zudem ein handgeschriebener Lebenslauf immer noch eine große Rolle. Wehe dem, der als junger Erwachsener mit ungelenker Schrift schreibt, der man ansieht, dass sonst der Computer für jegliche schriftliche Kommunikation herhalten muss. Derjenige hingegen, der mit flotter, wenn auch jugendlicher Schrift eine Seite ordentlich und gut aussehend füllen kann, sammelt Punkte beim Leser.

Machen Sie deshalb das Schreiben von Karten zu Weihnachten oder zum Jahresende ebenso zu einer selbstverständlichen Praxis wie Dankesbriefe der Kinder nach Geschenken. Kleine Kinder können statt zu schreiben eine Karte mithilfe der Eltern basteln oder etwas malen und dann später die ersten Buchstaben schreiben – auch wenn sie noch keinen Sinn ergeben. Es geht um die Geste an sich, die eingeübt werden muss, damit sie eine Selbstverständlichkeit wird.

Auch das Schreiben von Postkarten im Urlaub können Sie aufteilen, sodass die Kinder ebenfalls ein paar Zeilen an die Verwandten auf die gemeinsame Familienkarte schreiben. Geben Sie den Kindern damit eine Chance, sich auch beteiligen zu dürfen und etwas über sich zu erzählen. Gestalten Sie es als schöne Gemeinschaftsarbeit und kritisieren Sie dann keine Rechtschreibfehler. Wichtig ist, dass Kinder Freude am Schreiben entdecken.

Tagebuch führen ist eine gute Übung, nicht nur, um mit sich selbst ins Reine zu kommen, sondern auch um Freude am Schreiben zu entwickeln und die eigene Ausdrucksfähigkeit von Gefühlen und Gedanken zu schulen.

Vermitteln Sie den Kindern, dass Sie selbstverständlich mit den modernen Kommunikationsmedien umgehen, dass Sie aber jeweils abwägen, welches am besten geeignet ist. Vielleicht schicken Sie durchaus einer Bekannten eine SMS zum Geburtstag, da diese gerade im Urlaub ist und Sie wissen, dass sie sich über den kurzen Gruß freut, weil Sie an sie gedacht haben. Zeigen Sie jedoch, dass Sie zum Beispiel Ihrer Schwiegermutter keine SMS zum Geburtstag schicken, obwohl diese ein Handy besitzt, Sie aber genau wissen, dass sie über die unpersönliche Form des Grußes eher verletzt wäre.
Nur wenn Sie selbst fit im Umgang mit den modernen Medien sind, können Sie Ihrem Kind glaubwürdig vermitteln, welche Höflichkeitsform wann angebracht ist und es entsprechend darauf vorbereiten, dass es zum Beispiel in Chatrooms nicht höflich auf eine Frage nach dem Wohnort antworten sollte.

Praxistipps

1. Motivieren Sie Ihr Kind, ein Tagebuch zu führen.
2. Ein Mal pro Woche liest jeder in der Familie seine Lieblingsgeschichte vor.
3. Machen Sie das Schreiben von handgeschriebenen Grüßen zu bestimmten Festen im Jahresverlauf zu einem Ritual für die ganze Familie.

Unterwegs in der Welt

Verschiedene gesellschaftliche Anlässe bedürfen verschiedener Kleidung. Das können schon kleine Kinder lernen. Erklären Sie, was sie bei der Wahl des passenden Outfits beachten sollten und wann welche Bekleidung angemessen ist.

Kleidung für jeden Tag

Lisa, fünf Jahre, liebt ihr gelbes T-Shirt mit den aufgestickten Enten über alles. Wenn es möglich wäre, dann würde sie es jeden Tag tragen. Sie hat klare Vorstellungen darüber, welche Hose dazu passt und welche nicht. Ihre Mutter hat ihr für die heutige Geburtstagsfeier einer Freundin das T-Shirt und eine Jeans herausgelegt. „Ich will aber die rote Hose anziehen", sagt Lisa. „Tut mir leid, mein Schatz. Die ist gerade in der Wäsche", erwidert ihre Mutter, die schon ahnt, was jetzt kommt. „Ich will aber die rote Hose. Die Jeans ist doof zu den Enten." „Dann musst du eben ein anderes T-Shirt nehmen, Lisa. Entscheide dich bitte, wir müssen los." „Ich will mein Enten-T-Shirt. Ich will dazu die rote Hose. Ich will zum Geburtstag!", schreit Lisa los.

Erwachsene tun oft so, als ob Kleidung keine oder eine geringe Rolle spielt – weil sie sich wünschen, dass der Rest der Welt das auch so sieht. Kinder und Jugendliche sind da klarer und drücken oft sehr bewusst viel durch Kleidung aus.

So erkennen sie beim Eintritt in eine neue Klasse ganz klar, wer welche Musik hört und welcher der gerade herrschenden Stilrichtung er sich zuordnet. Nicht umsonst sind das Tragen von Markenkleidung und die Diskussion über Schuluniformen in den letzten Jahren wieder in den Fokus der Aufmerksamkeit gerückt.

So hat Kleidung und die gesamte Gestaltung des Äußeren wie Frisur und Schulranzen mehr Funktionen als nur den Schutz des Körpers vor Kälte und das simple Verwahren von Schulsachen. Das Äußere drückt die eigene Identität und Zugehörigkeit zu Gruppen wie „Rapper", „Gothic", „Emo" und so weiter aus. Wenn Sie Freunde Ihrer Kinder zu Besuch haben, werden auch Sie automatisch bei Öffnen der Tür registrieren, dass ein Junge mit kahl geschorenem Kopf und schwarzen Stiefeln Ihr Haus betritt, dass ein Mädchen mit bunter Irokesenfrisur oder in grauem Flanellrock mit weißer Bluse kommt: Egal wie das für Sie noch fremde Kind aussieht, Sie werden das Äußere wahrnehmen, bestimmte Assoziationen dazu haben und sich automatisch Ihre Gedanken darüber machen.

Bei Kindern und Erwachsenen spielen bei einer ersten Begegnung die gleichen Mechanismen eine Rolle. Der erste Eindruck spielt sich innerhalb weniger Sekunden ab, er ist prägend und beeinflusst, wie eine Person mit ihren darauf folgenden Handlungen wahrgenommen wird. Nicht umsonst kennen wir alle Sätze wie „Für den ersten Eindruck gibt es keine zweite Chance."

Die äußeren Faktoren sind dabei entscheidend:

Erster Eindruck

Der erste Eindruck setzt sich aus drei Kategorien zusammen: sichtbar (55 Prozent), stimmlich (38 Prozent) und sprachlich (sieben Prozent):

Sichtbar – die nonverbalen Faktoren:

- Kleidung: Stil, Zustand, Farben, Qualität und Marken, Passform;
- Körper: Größe, Statur, Figur;
- Frisur: Gepflegtheit, Stil;
- Accessoires, Schmuck, Piercings, Tattoos;
- Mimik, Gestik, Haltung, Gang;
- Blick und Blickkontakt;
- Händedruck.

Stimmlich – die paraverbalen Elemente:

- Stimme: Höhe, Tempo, Lautstärke;
- Satzmelodie;
- Dialekt, Akzent;
- Deutlichkeit;
- Sprechpausen;
- Verlegenheitsgeräusche wie „äh".

Sprachlich – die verbale Ebene:

- Wortwahl: Hochsprache oder Szeneausdrücke;
- Art des Grußes.

Kinder sind sehr unterschiedlich, was ihre Duldung des elterlichen Geschmacks bei der Kleidung betrifft. Manche lassen sich bis zum Teenageralter von den Eltern einkleiden und tragen alles, was sie gekauft und geschenkt bekommen ohne murren. In anderen Familien haben schon Dreijährige einen ausgeprägten Geschmack und ganz spezielle Vorlieben, sodass es oft Kämpfe um das morgendliche Ankleiden gibt, da keine Hose passend zum gelben Enten-T-Shirt erscheint. Eltern müssen akzeptieren, dass Kinder eigenständige Menschen mit einem eigenen Geschmack sind. Sie nach dem eigenen, elterlichen Geschmack zu kleiden, dient nur der Eitelkeit der Erziehenden und verletzt die Persönlichkeit des Kindes. Wie würden Sie sich denn fühlen, wenn Sie sich dem Geschmack der Kinder beugen müssten und nur das tragen dürften, was diese für Sie auswählen? Üben Sie bei der Kleidung so viel Toleranz, wie Sie aufbringen können, und zeigen Sie ganz klar, wo Ihre Grenzen liegen, was Sie auf keinen Fall unterstützen und was Sie nicht dulden werden.

Tränenreiche Auseinandersetzungen vor einem gefüllten Kleiderschrank, weil ein Kind sich nicht entscheiden kann oder das Lieblingsstück gerade in der Wäsche ist, schaden dem Kind und der ganzen Familie. Versuchen Sie hier eine ähnliche Strategie wie beim Essen: Die Eltern treffen eine Vorauswahl. Das Kind darf entscheiden, was es daraus nimmt. Machen Sie dazu bei kleinen Kindern bestimmte Vorschläge, was für den folgenden Tag an Kleidung herausgelegt wird, abhängig vom Tagesplan und der Witterung. Daraus können die Kleinen sich dann etwas aussuchen.

Natürlich ist heute (fast) alles an Kinderkleidung erlaubt. Wo früher feste Regeln für die richtige Rocklänge in der Schule

für Frust sorgten, ist es heute oft die Schwierigkeit, das richtige Maß und den eigenen Geschmack zu finden, da die Auswahl und die Möglichkeiten so unendlich erscheinen.
Es gibt dennoch bestimmte Grundsätze bei der Kleidungswahl, die Kinder früh lernen sollten. So zum Beispiel, dass Jogginganzüge, wie ihr Name schon sagt, zum Joggen gedacht sind und weder im normalen Schulunterricht noch am Esstisch ihren Platz haben. Ebenso gehören Badebekleidung und nackte Oberkörper an den Strand oder in den Garten – sonst nirgendwohin.
Der Drang, ganz bestimmte Labels am Körper zu haben, um „dazuzugehören", ist sicher einer der problematischsten Auswüchse der Kinder- und Jugendkleidung in den letzten Jahren. Kleidung drückt nicht nur im positiven und kreativen Sinn etwas aus, sie führt auch dazu, dass Kinder in Schubladen gesteckt und aufgrund sozialer Herkunft und geringem Einkommen der Eltern ausgegrenzt werden. Andere Klassenkameraden wiederum brüsten sich mit den teueren Markenstücken und werden dann dadurch als Angeber betrachtet. Bereits mit drei, vier Jahren beginnen Kinder Unterschiede zwischen sich selbst und anderen Kindern wahrzunehmen. Je differenzierter sie diese Unterschiede erkennen, desto mehr lernen sie dann auch Gefühle wie Neid oder Eifersucht kennen. Da kann es dann passieren, dass die begehrten Dinge entweder komplett abgewertet werden („so doofe Jeans würde ich nie anziehen"), Gehässigkeiten ausgetauscht werden („dummes Modepüppchen") oder Kinder sich eher

schmollend zurückziehen und das Gefühl haben, die ganze Welt sei einfach ungerecht.
So schmerzhaft es zunächst sein kann: Das Lernen von Unterschieden – auch von materiellen Unterschieden und finanziellen Möglichkeiten – gehört zum Leben und zum Erwachsen werden dazu. Selbstvertrauen, Selbstachtung und auch Selbstbeherrschung sind die Fähigkeiten, die Menschen erlernen und erwerben müssen, um mit diesen Unterschieden zurechtzukommen, ohne darunter zu leiden.

Markenkleidung oder nicht?

Es ist eine Gratwanderung für Eltern, wie sehr sie den Wünschen nach bestimmten Marken nachgeben. Wenn Sie es sich leisten können, Ihrem Kind hochwertige Markenprodukte zu kaufen, dann gehört es auch zu Ihren Aufgaben, Ihr Kind dafür zu sensibilisieren, dass sich nicht jeder teure Kleidung leisten kann und dass es keine Grund dafür gibt, andere deswegen zu verachten. Schule ist kein Laufsteg, insofern ist es auch wichtig zu unterscheiden, welche Kleidung die Kinder für die tägliche Gemeinschaft wählen, um eine gewisse Bescheidenheit zu lernen und zu zeigen, und was für private Anlässe angemessen ist. Gehören Sie nicht zu den Eltern, für die teure Kleidung eine Selbstverständlichkeit ist, so ist es wichtig, Ihrem Kind erstens genügend Selbstbewusstsein mitzugeben, damit es die Situationen mit besser gestellten Klassenkameraden gut aushalten kann und auch erkennt, wie armselig es ist, wenn andere sich mit dem Einkommen der Eltern als besser dünken. Zudem sollten Sie immer im Blick behalten, wie wichtig es für Kinder ist, akzeptiert zu werden und dazuzugehören. Vielleicht gibt es manchmal Kompromisslösungen, dass zumindest ein oder zwei der heiß ersehnten Stücke im Ausverkauf oder secondhand erworben werden können.

Modetorheiten oder auch die Tendenz, sich mit Jeans und T-Shirt geradezu uniformiert zu kleiden, sollten Sie nicht beunruhigen. Jede Generation hatte ihre modischen Sünden und vielleicht genieren Sie sich auch, wenn Sie Fotos von sich aus den 70er- oder 80er-Jahren entdecken. Wenn Sie schaudernd das Outfit Ihrer Kinder betrachten, dann hilft nur, tief durchzuatmen, und zu denken, dass das wieder vergeht.

Was Sie beunruhigen sollte, sind verdeckte Nazisymbole wie Runen oder Zahlenkombinationen wie 18, 88, 14 auf der Kleidung. Es ist nicht so einfach, dies zu erkennen, da viele Hersteller Jugendbekleidung mit Zahlen auf den Markt bringen, es wirkt sportlich. Bestimmte Marken spielen jedoch sehr gerne mit der Zahlenkombination „acht", da der achte Buchstabe im Alphabet das „H" ist und in diesem Kontext dann für „Hitler" steht. So umgehen manche Jugendliche das Verbot von nationalsozialistischen Zeichen. Denn wer kann schon eine „88" auf einem T-Shirt verbieten? Nur Eingeweihte wissen, dass dies ein Code für „Heil Hitler" sein kann. Ein alleiniges Stück ist kein Grund nervös zu werden. Kommt jedoch die Vorliebe eines Jugendlichen dazu, diese Zahlenkombinationen besonders oft zu tragen oder nur bestimmte Marken, wie zum Beispiel „Thor Steinar" oder „Consdaple" zu kaufen, dann sollten Sie aufmerksam werden.

Ein gepflegtes Äußeres

Ein weiterer Grund zum Handeln ist ungepflegte und schmutzige Kleidung. Wenn die jungen Leute gerne Jeans tragen, die am Boden schleifen und deren Saum dadurch abgewetzt wird oder dramatisch platzierte Risse hat und Löcher, so ist das eine modische Variante, die zumindest zu Schulzeiten nicht problematisch ist. Kleidung, die jedoch durchgehend löchrig, mit hängenden Fäden und losen Knöpfen, Flecken und Knitterfalten versehen ist, wirkt unappetitlich und unversorgt. Kommen dazu noch schmutzige Fingernägel und ungewaschene Haare, so wird Ihr Kind schnell zum Außenseiter. Es ist wichtig, dass ein Kind von klein auf lernt, Stück für Stück und je nach Alter eine gewisse Verantwortung für die Kleidung und das Erscheinungsbild zu übernehmen.

Was ein gepflegtes Erscheinungsbild ist und wie es aufrecht erhalten werden kann, ist ein Lernprozess. Auch hier gilt wie bei vielen anderen Dingen, dass ein Kind dies am besten dadurch erlernt, dass es am Leben der Eltern teilhat, dass in der Familie miteinander gesprochen wird und die Eltern mit gutem Beispiel vorangehen. Gehört für die Eltern ein regelmäßiger Friseurbesuch zum normalen Leben und erfährt ein Kind, dass ein Vater vielleicht gelegentlich darüber seufzt, wie er den anstehenden Haarschnitt in seinen vollen Terminkalender integrieren kann, so wird – wenn auch auf unbewusster Ebene – klar, dass ein sich Kümmern um den Körper und die Erscheinung etwas ist, worüber man sich Gedanken machen sollte.

Sind die Kinder noch klein, sind Sauberkeit und Körpergeruch meist kein Thema, da die Körperpflege von den Eltern vorgenommen wird oder zumindest deren Kontrolle unterliegt. Je älter ein Kind wird und je weiter es in der Pubertät ist, desto mehr muss es lernen, auf sich selbst zu achten. Das ist nicht immer so einfach, da der Körper und seine Funktionen sich manchmal sprunghaft ändern und die Kinder damit nicht immer zurechtkommen, dass sie auf einmal stark schwitzen, die Haare schneller nachfetten oder sie nicht wahrnehmen, dass sie plötzlich Körpergeruch haben. Wenn sie dann ein Deodorant benutzen, übertreiben sie es oft – auch das muss gelernt werden.

Achten Sie darauf, dass die Kinder sich den Veränderungen des Körpers anpassen:

- Täglich die Unterwäsche und Socken wechseln.
- Kleidung abends so aufhängen, dass sie auslüften kann.
- T-Shirts und Blusen nur ein-, maximal zweimal tragen.
- Jeden Morgen und nach dem Sport duschen.
- Sich abends waschen.
- Mindestens zweimal täglich die Zähne putzen.
- Je nach Bedarf, aber mindestens zweimal wöchentlich die Haare waschen.
- Auch Hände und Füße pflegen.
- Brille täglich putzen.
- Ein Deodorant benutzen.
- Pflege (Waschlotion und Creme) für das Gesicht kaufen.
- Unterstützen Sie Ihre Tochter bei den ersten Schminkversuchen.

- Ignorieren Sie die ersten Bartstoppeln Ihres Sohnes nicht, es sieht lächerlich aus, wenn sie stehen bleiben, sondern kaufen Sie ihm einen Rasierer.

Wenn es Dinge zu klären gibt, die bei den Heranwachsenden noch nicht so gut laufen, wie zum Beispiel dass sie sich nicht gründlich waschen, dann sollte das kein Familiengespräch sein, sondern am besten vom gleichgeschlechtlichen Elternteil mit dem Kind geführt werden: Der Vater spricht mit seinem Sohn und die Mutter alleine mit ihrer Tochter. Niemand ist so sensibel bezüglich des eigenen Körpers wie ein Teenager. In diesem Alter geht es nicht nur darum, die entscheidenden Kulturtechniken für das Leben zu lernen, sondern auch, den eigenen Körper anzunehmen. Schnell werden die Hinweise und Hilfen der Eltern als Kritik verstanden, der Heranwachsende ist verunsichert und der Körper mit seinen noch ungewohnten und neuen Funktionen wird abgelehnt.

Praxistipps

1. Denken Sie an Ihre eigenen Modetorheiten, als Sie jung waren – und bleiben Sie entspannt bei der Kleidung Ihrer Kinder.
2. Sagen Sie deutlich, für welche Kleidung in welchem preislichen Rahmen Sie für das Kind aufkommen. Zeigen Sie ebenso eindeutig, was Sie nicht unterstützen (zum Beispiel bestimmte, bei den Jugendlichen beliebte und teure Marken) und was sich ein Heranwachsender dann selbst kaufen muss.

Kleidung für Vorstellungsgespräche und Auszubildende

Katja, 16 Jahre, hat ihr erstes Vorstellungsgespräch. Sie möchte gerne Arzthelferin werden. Sie rechnet sich gute Chancen aus, denn ihr Zeugnis ist einwandfrei und sie hat auch schon ein Schulpraktikum in einer Arztpraxis absolviert. Auch in der Praxis hat man sich auf sie gefreut: Ihre Bewerbungsmappe war ansprechend, auf dem Foto sah sie freundlich aus, die Noten sind besser als bei den anderen Bewerberinnen und das Telefonat verlief sehr angenehm. Doch als Katja zur Tür hereinkommt, sind alle enttäuscht. Irgendwie kann sich niemand aus der Praxis vorstellen, dass sie hier reinpasst und gut mit den Patienten, zu denen auch viele ältere Menschen gehören, umgehen kann. Das Tattoo auf dem Oberarm würde man unter dem Kittel zwar nicht sehen, ebenso wenig das bauchfreie Outfit, sie würde auch weiße Praxisschuhe tragen und keine hochhackigen Pumps, aber irgendwie …

Geht ein junger Mensch die ersten Schritte ins Arbeitsleben und bewirbt sich um einen Ferienjob, ein Praktikum oder einen Ausbildungsplatz, so werden in den meisten Fällen andere Maßstäbe als bei einer späteren Bewerbung angelegt. Natürlich gibt es Ausbildungsberufe wie Bankkaufmann oder auch Ferienjobs, die für ein Vorstellungsgespräch einen Anzug verlangen. Wie ein korrekter Anzug oder ein korrektes Kostüm aussieht, soll hier nicht beschrieben werden, es würde ein ganzes Buch füllen. In den meisten Fällen wird von den jungen Leuten auch nur erwartet, dass sie ein ordentliches Erscheinungsbild abgeben und dass ihnen anzusehen ist, dass sie sich für dieses Gespräch besonders zurechtge-

Der erste Eindruck ...

Finden Sie die drei Fehler!

1. Käppi, 2. Sonnenbrille, 3. Breitbeinige Sitzhaltung

macht haben, weil es ihnen wichtig ist. Manch Jugendlicher unterschätzt dies, da er davon ausgeht, als Maler oder als Zahnarzthelferin würde man sowieso Berufskleidung tragen, und es somit egal ist, was man beim Vorstellungsgespräch anhat.

Checkliste für Vorstellungsgespräche und Arbeit bei Jobs, die keinen Anzug oder Kostüm verlangen

	o.k.	Nicht o.k.
Jeans	durchgehend eine Farbe, richtig sitzend	ausgewaschen, Used-Look, Shabby-Look, unten ausgefranst, auf Hüfte sitzend, Risse
Turnschuhe	zur Kleidung passende Sneaker	reine Sportschuhe, offen getragene Turnschuhe
offene Schuhe	gepflegte Slingpumps	Flipflops, sichtbare Zehen
Shirts	Polohemd, T-Shirt	Muskelshirts, Spaghettiträger
Absätze	stabiler Absatz, maximal ca. 4 cm	High Heels, Pfennigabsätze
Socken	farblich auf Hose oder Schuhe abgestimmt, ausreichende Länge	weiße Socken, Bein zwischen Socke und Hose sichtbar
Sitz der Kleidung	figurbetont, bequem	hauteng, „Wurstpellen-Effekt“, schlabberig, bauchfrei

	o.k.	Nicht o.k.
Rocklänge	knieumspielend, knöchellang	Mini, kürzer als Handbreit oberhalb des Knies
Hosenlänge	knöchellang, Dreiviertel-Hose, Kniehose mit passenden Schuhen	Hotpants, Bermuda
Hosen	in Stil und Farbe abgestimmter Gürtel	Gürtelschlaufen ohne Gürtel, bauchfrei, Hüfthosen
Ausschnitt bei Frauen	Höhe auf Achselhöhle	Brustansatz sichtbar
Unterwäsche	nicht sichtbar	herausschauender String-tanga, sichtbare Sliplinie über Po, herausblitzende BH-Träger, dunkle Wäsche unter heller Kleidung
genereller Anblick und Erscheinungsbild	dem Anlass angemessen	„Schwimmbad-Look", „Disco-Look" mit Glitzer und Glimmer, „Dschungeltrip-Look", Militär-Look, „Gangster-Look"
Accessoires	sparsam eingesetzte, modische Elemente	Sonnenbrille, zu sehr ablenkende Stücke
Schmuck Frauen	Mode- oder Echtschmuck, nach Geschmack und Branche entweder auffällig oder dezent	baumelnder, klimpernder, klappernder und ablenkender Schmuck
Schmuck Männer	Armbanduhr, sonst möglichst nichts	Je nach Branche kann ein Ohrring erlaubt oder untersagt sein, anderer Schmuck ist meist unerwünscht.

Kleidung der Kinder für besondere Anlässe

Franca Harte besucht ihre Freundin Ilona in der Adventszeit. Beide sind Mütter von drei Kindern. Franca staunt nicht schlecht, als sie sich mit den drei Söhnen ihrer Freundin unterhält. „Bald ist Weihnachten", sagt Jakob, „dann dürfen wir uns wieder fein machen." „Ja!", piepst der Kleinste, Brian. „Dann sind wir alle ganz schön. Das ist toll". „Es ist so schade, dass Mama es noch nicht am 23. erlaubt, uns schön anzuziehen, wir dürfen die feinen Sachen immer erst am 24. anziehen. Das finde ich doof", sagt der mittlere der Drei, Franco. Frau Harte versteht die Welt nicht mehr. Bei ihren Kindern ist es immer ein Kampf, wenn sie sich für die Feiertage zurechtmachen sollen! „Wie hast du das geschafft?", fragt sie ihre Freundin neugierig. „Das hat bei uns immer schon dazugehört. Die Kinder spüren, dass mein Mann und ich selbst Spaß daran haben, und wir machen es ein wenig wie ‚kostümieren' im Fasching. Es ist einfach eine Riesengaudi."

Soweit wir wissen, war es zu jeder Zeit und in allen Kulturen üblich, sich zu besonderen Anlässen auch optisch anders zu präsentieren. Einen Tag, der aus dem Alltag heraus sticht, mit der Wahl der Kleidung auch sichtbar zu machen, den Anlass und die Anwesenden damit besonders zu würdigen, ist also etwas ganz Normales und dem Menschen Eigenes. Auch wenn sich in Ihrer Familie alle in der Jeans am wohlsten fühlen, haben Sie nicht das Recht, dem Kind dieses Gefühl für besondere Anlässe und das dafür Feinmachen vorzuenthalten. Ein Kind lernt, wie wichtig ein Ereignis ist, wenn es hört, wie Sie sich mit dem Partner darüber unterhalten, was

Sie anziehen werden, und wenn es mitbekommt, dass Sie extra Zeit dafür einplanen – beispielsweise für einen Friseurbesuch –, um sich für ein Fest oder einen Termin zurechtzumachen.
Weder Kinder noch Teenager müssen sich wie Erwachsene kleiden. Dafür sind sie schließlich noch Heranwachsende und sollen diese Jahre genießen, in denen sie in puncto Kleidung noch wenig Vorschriften hinnehmen müssen. Sie sollten allerdings verstehen lernen, dass verschiedene Anlässe des Lebens verschiedene Kleidung erfordern und dass korrekte Kleidung, die passend zum Anlass, zur eigenen Rolle und zu den Anwesenden gewählt wurde, auch etwas mit Respekt zu tun hat. Nur dann ist es möglich, dass ein junger Erwachsener bei seinen ersten Schritten im Berufsleben fähig ist, durch Beobachtung die ungeschriebenen Dresscodes seines Unternehmens zu verstehen und für sich umzusetzen. Ein Jugendlicher, der mit 18 noch keine Krawatte binden kann, darf auf

Feiertage sind etwas Besonderes und dürfen so richtig gefeiert werden.

Verständnis hoffen. Ein 28-Jähriger, der es nicht kann, wird auf Befremden stoßen und muss damit rechnen, dass bestimmte Rückschlüsse auf sein Elternhaus gezogen werden. Schlimmer noch: Es könnte vermutet werden, dass er nicht in der Lage ist, sich gesellschaftlich jederzeit korrekt zu verhalten, da er es nicht gewohnt ist.

Bestimmte Feste in der Familie wie der 95. Geburtstag der Großmutter oder auch Kommunion, Firmung, Konfirmation, Jugendweihe bieten eine gute Möglichkeit, gemeinsam zu besprechen, was an diesem Tag Priorität hat. Der eigene Geschmack? Respekt gegenüber Gästen? Achtung vor dem Menschen, der die Hauptperson ist? Berücksichtigung des Ortes, an dem das Fest stattfindet? Der gesamte Rahmen der Veranstaltung? Durch das Besprechen all der Faktoren, die für die Wahl der Kleidung eine Rolle spielen, das Abwägen von verschiedenen Möglichkeiten und das Reflektieren der eigenen Rolle bei diesem Fest lernt ein Kind, warum es wichtig ist, sich überhaupt darüber Gedanken zu machen.

Eltern, die dann selbst stöhnen, dass sie sich nun wieder in so einen „doofen Anzug zwängen“ müssen, prägen ihre Kinder von vornherein negativ bezüglich formeller Kleidung. Auch ein Vater, der ungefragt das Jackett ablegt, sobald der offiziellere Teil der Veranstaltung beendet ist, gibt ein schlechtes Beispiel und übermittelt Fehler.

Spielregeln einhalten

Und wenn die Kinder einfach gar nicht wollen? Alles im Leben hat Spielregeln, wer die Skatregeln nicht kennt, kann sie lernen – oder er spielt nicht mit. Mit Festen und Anlässen ist es ähnlich. Sie haben ihre eigenen Spielregeln und Gesetzmäßigkeiten. Wer die Spielregeln nicht einhalten will und den anderen das Spiel verdirbt, darf eben nicht mitspielen. Bei den „Spielen" der Erwachsenen, also den gesellschaftlichen Ereignissen, wird jedoch meist nicht explizit gesagt, dass jemand nicht dabei sein darf. Er wird einfach nicht eingeladen, wenn Bedenken bestehen, dass er sich nicht an die für diesen Anlass geltenden (Spiel-)Regeln hält.

Besonderes Feingefühl verlangt Kleidung für religiöse Stätten wie Kirchen, Synagogen, Moscheen, Tempel und Friedhöfe. Hier gilt, dass nicht der eigene Geschmack und Ausdruck der Individualität entscheidend bei der Kleiderwahl sind. Das Erscheinungsbild muss hier ohne Wenn und Aber dem Ort mit seinen jeweiligen Vorschriften und dem Anlass entsprechend angepasst sein.

Gehören Sie zu einer Familie, in der Religion keine Rolle spielt, so sind Sie selbst vielleicht unsicher, was angebracht ist. Das ist nicht schlimm. Wenn Ihr Kind aber spürt, dass Sie sich Gedanken darüber machen, was in diesem Zusammenhang respektvolles Verhalten und Aussehen ist, dass Sie vielleicht die einladenden Partei fragen oder dass Sie im Internet recherchieren, dann ist die entscheidenden Botschaft angekommen.

Praxistipps

1. Lassen Sie Ihre Kinder daran teilhaben, wie Sie sich auf Veranstaltungen und Termine vorbereiten.
2. Nehmen Sie Ihre Kinder so oft wie möglich zu Veranstaltungen mit, bei denen besondere Kleidung getragen wird. Nur so erwerben sie eine selbstverständliche und unbewusste Kompetenz, die richtige Kleidung zum Anlass zu wählen.
3. Sprechen Sie mit den Kindern über Sinn und Zweck besonderer Kleidung.
4. Machen Sie sich gegenseitig Komplimente und schießen Sie auch gelegentlich ein Foto, wenn sich die ganze Familie besonders zurechtgemacht hat.

Unterwegs und auf Reisen

Carola Ritter ist mit ihrem Enkel Felix, 3 Jahre, auf dem Weg in den Zoo. Damit die Fahrt nicht langweilig wird, stellt Frau Ritter den Kleinen auf den Sitz. So kann er besser aus dem Fenster des Busses sehen. Nach ein paar Stationen steigen zwei Jugendliche in das Abteil ein. Mit Bierdosen in der Hand machen sie es sich im Abteil bequem und legen entspannt die Füße auf den gegenüberliegenden Sitz. „Unerhört", schimpft die Seniorin. „Da legen diese jungen Leute einfach ihre Füße mit den schmutzigen Straßenschuhen auf die Sitze. Der Nächste, der einen Sitzplatz sucht, macht sich dann, ohne es zu merken, den Mantel schmutzig."

Öffentliche Verkehrsmittel

An kaum einem Ort kommen sich fremde Menschen so nah und müssen sich so engen Raum miteinander teilen wie in den öffentlichen Verkehrsmitteln. Wir können uns hier die Gesellschaft nicht aussuchen, sondern müssen Lärm, unangenehme Gerüche, zu dichtes Aufrücken und die Hinterlassenschaften der anderen ertragen lernen. Es ist ein wichtiger Schritt für Kinder zu erkennen, dass Verhalten an einem öffentlichen Ort mit zunehmendem Alter bewusst gesteuert werden muss und viele Dinge, die zu Hause in Ordnung sind, hier keinen Platz haben. Manche Menschen benehmen sich im Verkehr ganz ungeniert, da sie davon ausgehen, dass keiner sie kennt. Rücksicht sollte in Bussen und Bahnen oberstes Gebot sein, um die tägliche Fahrt zu Schule und Arbeit für alle erträglich zu machen.

Mit gutem Beispiel voran

Dazu gehört es, dass auch Erwachsene mit gutem Beispiel vorangehen und Kinder von klein auf daran gewöhnen. Es gibt viele Eltern, die ihren kleinen Kindern erlauben, sich auf die Sitze zu stellen, um besser durch das Fenster nach draußen sehen zu können. Der Wunsch ist verständlich, schließlich ist es für das Kind interessanter und es verhält sich auf der Fahrt auch sicherlich ruhiger. Der nächste Fahrgast, der sich dann jedoch auf einen Sitz setzen muss, auf dem vorher staubige Kinderschuhe standen, ist sicher nicht so begeistert. Wollen Sie also Ihr Kind durch das Fenster schauen lassen, nehmen Sie es entweder auf den Schoß oder stellen Sie es auf eine Tüte oder ein Stück Zeitung. Ihr Kind sollte von Beginn an lernen, in öffentlichem Raum mitzudenken und Rücksicht zu nehmen.

Es ist nichts dagegen einzuwenden, wenn Einkaufstüten oder Schulranzen auf einen Sitz gestellt werden – solange es genügend freie Plätze für andere Fahrgäste gibt. Füllt sich eine U-Bahn mit jeder Station, so sollte ohne Aufforderung der Sitz für andere frei gemacht werden.

Was bei Schulkindern aber oft problematischer ist als der Schulranzen auf freien Sitzen, ist der Schulranzen auf deren Rücken. Viele Menschen haben es schon erlebt, dass sich ein Kind umdreht oder eine andere spontane Bewegung macht und damit dem Nächstsitzenden den Ranzen unabsichtlich ins Gesicht haut. Für Eltern bedeutet das, dass sie den Kindern erklären und sie ausprobieren lassen müssen, was es bedeutet, so ein sperriges Ding zu tragen. Ein Kind muss erspüren und testen können, dass sich damit das Körpervolumen vergrößert und es sehr schnell andere damit verletzen kann, ohne dies zu wollen.

Aufstehen für den Schwächeren

Selbstverständlich sollte es eigentlich sein, dass in jeglichem öffentlichen Transportmittel ein Sitzplatz immer den Personen angeboten wird, die ihn nötiger haben. Da wir nicht wissen, wer vielleicht gerade müde oder krank ist, gilt die Regel, dass alte Menschen, schwangere Frauen oder sehr schwer beladene Personen hier den Vorrang haben. Das bedeutet, dass ein junger, munterer Erwachsener seinen Sitz-

platz auch einem Kind anbieten kann, das mit Schulranzen und Geigenkasten aus der Schule kommt.
Es ist von Erwachsenen nicht höflich, wenn sie unangemessen Platz für sich beanspruchen, in dem sie eine Zeitung vor sich auffalten und lesen. Genauso unfreundlich ist es, neben sich ein ständiges Scheppern oder Wummern aus dem Walkman des Nachbarn zu hören. Hören Ihre Kinder im Teenageralter gerne Musik auf dem Schulweg, so mag das eine gute Entspannung sein. Testen Sie einmal, wie groß die Geräuschkulisse für einen Sitznachbarn ist. Der Raum ist für alle da, und niemand sollte gezwungen sein, sich zwanzig Minuten die Technomusik des Sitznachbarn anzuhören.

Bitte Abstand halten

Es ist gerade in den Bussen und Bahnen oft nicht möglich, einen für alle angenehmen Abstand zum anderen einzuhalten. Umso wichtiger ist es, dass Heranwachsende von den Eltern vermittelt bekommen, dass es trotz Enge angebracht ist, sich nicht einfach an anderen Menschen vorbeizudrängeln, um ein- oder auszusteigen. Ein höfliches „Darf ich mal bitte vorbei?“ oder ein „Steigen Sie auch aus?“ ermöglicht es den anderen Passagieren, sich selbst ein Stück aus dem Weg zu schieben, um nicht unnötig bedrängt zu werden.
Zu einer Plage für alle ist inzwischen das Essen und Trinken in Verkehrsmitteln geworden. Nicht nur, weil es nicht jeder gern hat, zu allen Tageszeiten von einem Duft von Knoblauch oder Frittierfett umweht zu werden, sondern weil es auch zu oft die Gefahr birgt, durch plötzliches Bremsen von Fremden

bekleckert zu werden. Es ist nichts dagegen zu sagen, wenn Kleinkinder einen Keks oder einen Apfel essen. Der Übergang vom Kleinkind zum Schulkind sollte es aber mit sich bringen zu erkennen, dass Nahrungsaufnahme am Esstisch oder in der Schulpause richtig ist, und nicht den ganzen Tag über, bei jeder sich bietenden Gelegenheit. Während des Schulunterrichts ist das schließlich auch nicht möglich.

Beim Einkaufen

Einkaufen mit Kindern ist für manche ein Albtraum – nicht nur für Eltern, sondern auch für andere Kunden. Kinder, die durch die Regalreihen rennen und den Supermarkt zum Spielplatz machen, schreiende Trotzbündel, die sich auf den Boden werfen, und Eltern, die nicht wissen, ob sie das Kind festhalten oder Ware in den Wagen packen sollen, gehören zum täglichen Bild in unseren Supermärkten. Schade, denn einkaufen gehen eignet sich hervorragend, um Kinder auf spielerische Weise in die Aufgaben und Planungen der Familie einzubeziehen, ihnen Stück für Stück Verantwortung zu übergeben und sie auf das Erwachsenenleben vorzubereiten.

Wichtig ist: Achten Sie bei sich und bei Ihrem Kind darauf, dass Sie einen genügend großen Abstand zum Vordermann in der Warteschlange vor der Kasse haben. Immer mehr Menschen klagen darüber, dass ihnen andere zu nahe kommen. Sind Sie selbst dadurch in Bedrängnis, so sprechen Sie auch mit Ihrem Kind darüber. Ein Kind kann nur lernen, was sich für andere vielleicht unangenehm anfühlt, wenn dies auch thematisiert wird.

Vereinbaren Sie feste Regeln für das Einkaufen: Bekommt das Kind etwas aus dem Quengelregal oder nicht? Darf es sich überhaupt Süßigkeiten aussuchen oder steht das heute nicht auf dem Programm? Bleiben Sie bei Ihren Vereinbarungen, die Sie vor dem Einkauf getroffen haben.
Schreiben Sie auch für die sonstigen Einkäufe einen Zettel. Sie sparen sich die Auseinandersetzungen, wenn es eine klare Regel gibt, dass nur gekauft wird, was auch auf dem Zettel steht.
Beteiligen Sie Ihre Kinder beim Einkaufen und zerren Sie sie nicht nur notgedrungen mit. Es ist für sie wunderbar, wenn sie auch Aufgaben bekommen. Kinder können zum Beispiel aussuchen, welche Marmeladensorte gekauft werden soll, oder zählen, wie viele verschiedene Nudelsorten es gibt. Interessant ist für die meisten Kinder alles, was es zu sehen gibt, zum Beispiel die ungewöhnlichen Früchte im Regal.

Im Urlaub

Der Familienurlaub ist eine hervorragende Gelegenheit, nicht nur Sport zu treiben und in der Sonne zu liegen, sondern ganz unmerklich viel zu lernen. Der Erdkundeunterricht, sonst vielleicht ungeliebt, kann ein guter Hintergrund sein, um gemeinsam im Atlas das Reiseziel aufzusuchen, nach der Hauptstadt, der Einwohnerzahl und anderen Dingen zu forschen. Andere Länder, andere Sitten. Während der Reise eine gute Beschäftigung, damit es nicht langweilig wird: Was ist anders dort? Wie kleiden sich die Leute? Gibt es besondere Feste oder religiöse Zeremonien? Was essen die Menschen

und essen sie anders als wir? Gibt es bestimmte Tabus, die auch für Touristen gelten? So können Sie und die Kinder gemeinsam mit offenen Augen durch eine andere Kultur laufen.
Respekt vor fremden Sitten, auch wenn es für einen selbst nicht bequem ist, sollte ein wichtiger Effekt des Urlaubs sein. „Was du nicht willst, das man dir tu, das füg auch keinem anderen zu“ passt sehr gut zu den Situationen, in denen Touristen ungefragt die Einheimischen bei all ihren alltäglichen Verrichtungen fotografieren, ihnen dabei teilweise sehr nahe rücken und gar nicht auf die Idee kommen zu fragen, ob es genehm ist. Sprechen Sie darüber, wie das für Sie wäre, wenn Sie beim Einkaufen oder Unkraut jäten derartig belagert werden würden.

Praxistipps

1. Sprechen Sie über das, was Sie in öffentlichen Verkehrsmitteln sehen und erleben.
2. Binden Sie Ihre Kinder bei Einkäufen mit ein. Und gehen Sie nie mit hungrigen Kindern einkaufen. Treffen Sie feste Vereinbarungen, ob heute Süßigkeiten gekauft werden oder ob es etwas im Anschluss zu Hause gibt.
3. Nutzen Sie den Urlaub, um den Horizont des Kindes auf vielfältige Weise zu erweitern.

Kino, Theater- und Konzertbesuche

Myriam Winter, 18 Jahre, studiert im ersten Semester. Voller Begeisterung stürzt sie sich in die Kurse an der Uni und will nun in der Großstadt Berlin zu Lesungen und ins Theater gehen, um auch ihr kulturelles Wissen zu vervollständigen. So freut sie sich sehr, als eine Kommilitonin sie fragt, ob sie mit ihr zu einer Premiere gehen möchte. Doch als der Tag näher rückt, gerät sie ins Grübeln. Eine Premiere – sie hat keine Ahnung, wie das genau ablaufen wird. Kann sie dort ganz normal in der Jeans hingehen? Oder muss es festlicher sein? Aber schließlich ist sie Studentin und hat gar keine festliche Kleidung. Aber blamieren will sie sich vor der Kommilitonin, für die das alles selbstverständlich zu sein scheint, auch nicht. Was tun?

Unterschiedliche Anlässe fordern unterschiedliches Verhalten und andere Kleidung. Nirgends kann man das so gut erkennen wie bei Konzertbesuchen. Wie sich Menschen bei einem Popkonzert benehmen und kleiden, ist etwas ganz anderes als bei einem klassischen Konzert. Das scheint nicht für alle selbstverständlich zu sein. Natürlich ist es erlaubt, in einer Jeans in die Oper zu gehen, und niemand wird der Tür verwiesen. Es macht jedoch das Leben ärmer, wenn tagaus tagein die gleiche uniformierte Kleidung von Jeans und T-Shirt getragen wird und Anlässe nichts Besonderes mehr sind, die auch sichtbar aus dem Alltag herausstechen.
Auch wenn Sie selbst kein Fan von klassischer Musik sind, sollten Sie Ihren Kindern unbedingt die Chance geben, diese Welt kennenzulernen. Es ist wichtig, dass sie erleben, wie anders sich Menschen dort kleiden, dass Mäntel nicht wie im Kino zum Platz mitgenommen, sondern an der Garderobe

abgegeben werden, und dass die Zuschauer andächtig schweigend in den Reihen sitzen. Ein junger Erwachsener, der das erste Mal in die Oper oder ins Theater geht, wird automatisch unsicher und befangen sein, da er sich fremd fühlt.
Herrscht bei Popkonzerten oft eine lockere Partystimmung mit einem ständigen Kommen und Gehen, so muss ein Heranwachsender erkennen lernen, bei welchen kulturellen Veranstaltungen absolute Ruhe und Pünktlichkeit aus Respekt vor den Darbietenden und den anderen Besuchern ein Muss sind.

Was für Besuche kultureller Veranstaltungen immer gilt:

- Zu spät Kommende gehen so durch die Sitzreihen, dass sie den bereits Sitzenden das Gesicht zu wenden, nicht den Rücken.
- Sitzen die Kinder schon und jemand anderes geht durch die Stuhlreihen, dann sollten sie aufstehen oder zumindest die Beine anziehen.
- Auch in einer entspannten Kinoatmosphäre sollte Popcorn nicht so laut gegessen werden, dass andere Zuschauer dadurch irritiert werden oder die spannendste Stelle verpassen.
- Keiner freut sich, wenn der Schluss schon vor dem Filmende ausgeplaudert wird.
- Alle Reste eines Aufenthaltes im Kino wie leere Dosen oder Popcorntüten werden wieder mitgenommen.
- Handy aus!

Praxistipps

1. Bereiten Sie Ihr Kind auf einen Besuch einer besonderen Veranstaltung vor.
2. Sprechen Sie klar und deutlich über Regeln beim Besuch unterschiedlicher Veranstaltungsorte.

Ihr Kind als Gast in einer anderen Familie

Clarissa Sommer ist alleinerziehende Mutter einer sechsjährigen Tochter. Sie wohnt seit Kurzem in einer neuen Stadt und freut sich, dass ihre Tochter so schnell Kontakt gefunden hat. Am Wochenende soll sie nun das erste Mal mit der Familie ihrer neuen Freundin in deren Wochenendhaus fahren. Clarissa macht sich Sorgen, ob alles gut gehen wird. Die Tochter ist es nicht gewohnt, bei Fremden zu sein, und ihrer Ansicht nach oft bockig und schwierig. Wenn sie sich dort so benimmt wie zu Hause, dann wird sie bestimmt nicht wieder eingeladen! Was soll sie ihr nur vor dem Besuch sagen? Wie soll sie sich selbst als Mutter verhalten, damit die anderen Eltern, die so nett eingeladen haben, sich über den Kontakt freuen?

Was wünschen Sie sich denn, wenn Ihr Kind Freunde mitbringt, die vielleicht auch noch über Nacht bleiben?

- Wenn sich die Eltern des Kindes vorher erkundigen, ob ein Schlafsack oder Handtücher mitgebracht werden sollen, so werden Sie sicher angenehm überrascht sein – auch wenn das Kind außer dem eigenen Waschbeutel und frischer Kleidung nichts mitzubringen braucht.

- Sie möchten sicher vorher eine Information haben, wenn es Essensrestriktionen gibt.
- Sie möchten wissen, ob das Kind gesundheitliche Probleme hat, die beachtet werden müssen.
- Sie freuen sich, wenn Sie als Eltern freundlich begrüßt werden.
- Es ist angenehm für Sie, wenn der Besuch sich Ihnen vorstellt und wartet, bis Sie als Gastgeber die Hand reichen.
- Ein Kind, das pünktlich kommt, macht einen guten ersten Eindruck.
- Wahrscheinlich sind Sie eher peinlich berührt, wenn das fremde Kind intime Details seiner eigenen Familie zum Besten gibt.
- Sie wünschen sich, dass bestimmte Bereiche des Hauses, wie zum Beispiel Ihr Schlafzimmer, respektiert werden
- Ein Kind, das freundlich darum bittet, ob es noch etwas zu essen oder zu trinken bekommt und keine Forderungen stellt, werden Sie sicher gerne verwöhnen.
- Bekommen Sie Grüße von seinen Eltern bestellt, dann haben Sie das Gefühl, dass Ihr Mehraufwand durch den Gast von den anderen Eltern gewürdigt wird.
- Erkundigt sich der kleine Gast, ob er die Schuhe ausziehen soll, dann freut Sie das sicher, auch wenn in Ihrem Haus die Straßenschuhe anbehalten werden dürfen.
- Fragt der Besuch, ob er mithelfen kann, dann wird er sicher schnell Ihr Herz gewinnen.
- Bleiben Sie von Mäkeln und Meckern verschont, so hebt es Ihre Stimmung.

- Wenn auch noch Bad und Toilette sauber verlassen werden, dann haben Sie sicher nichts gegen einen erneuten Besuch.
- Verabschiedet sich der Freund Ihres Kindes am nächsten Tag und bedankt sich auch noch bei Ihnen, dann werden Sie sicher gerne den zusätzlichen Aufwand bewältigen.

Wichtig ist, dass ein Kind, das zu Besuch kommt, erkennt und respektiert, dass in anderen Familien möglicherweise andere Spielregeln herrschen. Ein Elternhaus von Freunden ist auch kein Hotel, sondern Mitdenken und Mithelfen gehört bei einem Besuch dazu. Das ist dann besonders entscheidend, wenn es nicht nur eine Nacht ist, sondern wenn Freunde von Kindern mit in den Urlaub genommen werden oder das Kind zum Schüleraustausch ins Ausland geht.

Praxistipp

Kommentieren Sie deutlich, wenn Ihnen der höfliche Besuch Ihres Kindes gut gefallen hat, und sagen Sie, dass Sie solche Gäste gerne und jederzeit wieder willkommen heißen werden. Ihr Kind zieht dann auch automatisch für sich und seine Handlungen in anderen Familien die Konsequenzen.

Rund ums Essen

Gute Tischmanieren sind wichtig! Wenn Ihr Kind von klein auf lernt, sich bei Tisch korrekt zu benehmen, fällt ihm der Umgang mit Besteck und Geschirr später bei allen Gelegenheiten umso leichter.

Tischmanieren

In einer kleinen, aber feinen Privatklinik sollte die Position eines Arztes neu besetzt werden. Nach einer Reihe von Auswahlgesprächen lud der Klinikchef alle interessanten Bewerber zu einer Führung durch das Gelände, einer Diskussionsrunde und anschließendem lockerem Imbiss ein. Danach traf er seine Entscheidung. Jahre später nach dem „Warum ich?“ gefragt, erklärte er Folgendes: „Sie waren alle fachlich hervorragend geeignet und mir sympathisch. So habe ich die Bewerber beim Essen beobachtet. Bei Ihnen ist mir aufgefallen, wie elegant Sie das Besteck trotz dieses eher rustikalen Imbisses und der sehr informellen Atmosphäre benutzt haben. Ich habe mir vorgestellt, dass Sie ebenso zart, sorgsam und sorgfältig mit den Patienten umgehen. Zudem war ich mir sicher, dass Sie generell die richtigen Umgangsformen für unsere doch oft sehr anspruchsvollen Privatpatienten aus aller Welt zeigen werden.“

Perfekte Tischmanieren gehören zu den wichtigsten Dingen, die Sie ihren Kindern an Umgangsformen mitgeben können. Nirgendwo sonst wird später deutlich, ob ein Kind die Grundregeln kultivierten Verhaltens bei Tisch von klein auf gelernt hat und auf lockere Art ganz selbstverständlich anwendet – oder ob es ein durch Seminare und Bücher andressiertes Verhalten ist, dem jede Natürlichkeit fehlt. Nur wenn Ihr Kind automatisch die richtige Besteckhaltung und die Handhabung der Serviette beherrscht, wird es später bei Geschäftsessen in der Lage sein, seine Aufmerksamkeit völlig dem Gesprächspartner zuzuwenden.

Tischmanieren gehören zudem zu den Bereichen, von denen vielen Menschen glauben, sie würden Rückschlüsse auf den sozialen Hintergrund und damit verbundene Kompetenzen geben. Nicht umsonst spricht man oft von „Testessen", wenn ein erstes Treffen mit der zukünftigen Schwiegerfamilie oder dem potenziellen neuen Arbeitgeber ansteht.

Gemeinsame Mahlzeiten für die gesamte Familie werden vielerorts immer seltener. Unterschiedliche Stundenpläne und andere Aktivitäten wie Sport und Musik der Kinder sowie Arbeitszeiten der Eltern machen das gemeinsame Mahl zu einer Seltenheit. Mahlzeiten sind jedoch viel mehr als reine Essensaufnahme. Nur durch gemeinsames Essen kann ein Kind durch die Vorbilder und die Anleitung der Eltern die Fähigkeiten bei Tisch erwerben, die für sein zukünftiges Leben wichtig sind. Gemeinsames Essen stärkt auch den Zusammenhalt und das Gemeinschaftsgefühl, das Erleben von „Wir" in der Familie. Versuchen Sie, wenigstens eine Mahlzeit am Tag gemeinsam einzunehmen. Sorgen Sie dabei für einen schönen Rahmen und feste Rituale.

Praxistipps

1. Essen Sie so oft wie möglich gemeinsam und denken Sie sich dafür auch bestimmte Routinen und Rituale aus.
2. Benutzen Sie Essen nicht als Belohnung oder Strafe. Sätze wie „Wenn du keine Karotten ist, dann gibt es auch kein Eis“ oder „Wenn du lieb bist, dann koche ich dir Schokoladenpudding“ fördern Machtkämpfe und können Essstörungen begünstigen.
3. Sorgen Sie für gute Stimmung beim Essen. Gemeinsame Mahlzeiten sind für die Kinder sehr wichtig. Sie sollen Spaß dabei haben und es genießen.

Spiele

1. Nutzen Sie eine gemeinsame Urlaubsreise ins Ausland, um dort in den Restaurants zu erleben, was vielleicht anders als in Deutschland gemacht wird. Machen Sie ein Spiel daraus: Wem fällt als Erstes ein Unterschied auf?
2. Machen Sie ab und zu etwas Lustiges. Verabreden Sie sich zum Beispiel mit den Kindern im Garten zum Kirschkern-Weitspucken.
3. Machen Sie immer wieder mal ein „Kinderregel-Essen“. Bei dieser Mahlzeit dürfen die Kinder bestimmen, welche Regeln gelten sollen. Wichtig ist nur, dass die Regeln vorher gesagt werden und allen bekannt sind. Das nimmt etwas Druck aus der Sache und lässt auch kleinere Kinder besser erkennen, wie Regeln das Zusammenleben steuern und beeinflussen. Wenn es bei Ihnen normalerweise viel Stress beim Essen gibt, da vereinbarte Regeln durch ein Kind gebrochen werden, dann können Sie selbst testen, was passiert, wenn Sie

bei den Kinderregeln das Mitspielen verweigern. Sprechen Sie dann mit den Kind darüber: „Ich ärgere mich auch oft über dich. Es ist nicht schön, wenn andere sich nicht an abgemachte Regeln halten. Dann kann man nicht so gut etwas zusammen machen.“

4. Machen Sie ab und zu „ganz andere“ Essen. Das trainiert die Flexibilität und Offenheit der Kinder gegenüber anderen Sitten, bringt Abwechslung in den Alltag und sorgt für entspannteren Umgang mit den deutschen Spielregeln bei Tisch. Zum Beispiel:
   - Essen wie die Nomaden: Alle sitzen auf dem Boden und essen mit den Fingern der linken Hand aus einer Schüssel.
   - Essen wie die Chinesen: Mit Stäbchen aus kleinen Schüsselchen essen. Schmatzen, rülpsen und schlürfen ist ein Muss. Naseputzen und niesen sind aber verboten!
   - Essen wie bei den Indianern: Alle sitzen um den Grill oder ein Lagerfeuer und halten auf Spießen Fleisch ins Feuer. Gegessen wird aus der Hand.
   - Essen wie am Königshof: Die Kinder bekommen eine kleine Krone auf den Kopf, alle sind sehr gut angezogen, es liegt viel Besteck auf dem Tisch, Kerzen brennen und alle benehmen sich sehr vornehm.

Die Basis: Richtige Haltung bei Tisch

Kevin, 15 Jahre, hat Stress. Er hat seiner Mutter versprochen, dass er seiner Oma beim Festessen zu ihrem 90. Geburtstag nicht die Feier durch sein Benehmen verderben wird, sondern alles mitmacht und sich bemüht. Nun sitzt er am festlich gedeckten Tisch zwischen den

Erwachsenen. Aber was er auch versucht, immer wenn er die Gabel zum Mund führt, stößt er an den Arm seines Nachbarn Onkel Gustaf! Der schaut schon ganz böse. Irgendwas läuft schief. Wie ärgerlich, dass seine Eltern weiter weg sitzen, jetzt kann er noch nicht mal fragen, was er machen soll.

Bei Erwachsenen kann man beobachten, dass die meisten Fehler bei Tischmanieren alleine dadurch passieren, dass sie in falscher Haltung am Tisch sitzen. Ein Großteil der Esser sitzt zu weit von der Tischkante entfernt. Dadurch müssen sie sich zwangsläufig beim Essen nach vorne beugen. Diese ständige Neigung hin zum Tisch und wieder nach oben sieht nicht nur unschön aus, sie führt durch die Bewegungen auch dazu, dass leichter gekleckert wird. Dieser Fehler schleicht sich oft in der Kindheit ein, wenn das Kleinkind nach dem Kinderstuhl keine geeignete Sitzgelegenheit bei Tisch hatte

Auch bei Tisch ist Ellenbogenmentalität nicht erwünscht.

und gezwungen war, unruhige Körperbewegungen zu machen, um überhaupt ans Essen zu kommen. Generell gilt: Die Sitzhaltung ist immer aufrecht. Das bedeutet, dass der Oberkörper ruhig bleibt. Der alte Spruch „Das Besteck bewegt sich zum Mund, nicht der Mund zum Besteck" gilt auch heute noch. Wenn Sie Ihrem Kind je nach Altersstufe ein geeignetes, festes Sitzpolster auf den Stuhl legen, dann wird es die richtige Haltung leichter lernen.

Leben Sie Ihren Kindern korrekt vor, dass Sie sich beim Essen nicht anlehnen, sondern nur zwischen den Gängen die Rückenlehne nutzen, ohne dass der Körper dabei zusammensackt. Sie sollten ungefähr eine Handbreit Platz zum Tisch haben, so sitzen Sie bequem und müssen keine „Verneigungen" vor dem Teller machen, um zu essen. Daran kann sich auch ein Kind gewöhnen. Je später Sie damit anfangen, dies zu vermitteln, desto schwieriger fällt es dem Sprössling, sich umzugewöhnen.

Die richtige Sitzhaltung

Wenn Sie die Sitzfläche des Stuhls möglichst komplett ausnutzen, sodass Ihre Oberschenkel eine möglichst große Auflagefläche auf dem Stuhl haben, dann ist es leicht, auch während eines mehrgängigen Menüs entspannt zu sitzen. Rücken Sie bei kleinen Kindern den Stuhl nahe genug an Tisch heran. So gewöhnt sich das Kind daran, wie nah man an der Tischkante sitzt. Die Füße sind dabei nicht um die Stuhlbeine geschlungen – das sieht unschön aus. Achten Sie auf Ihre Kinder:

Gerade die Kleineren, deren Beine noch nicht bis zum Boden reichen, schaukeln gerne damit hin und her.
Die Ellenbogen befinden sich dicht am eigenen Körper. Während des Essens werden die Arme nur parallel zum Rumpf und eng am Körper bewegt. Mit dieser Art des Essens stören Sie Ihren Tischnachbarn nicht, auch wenn Sie als Erwachsener dicht beieinander gesetzt sind. Diese Haltung ist für Kinder oft schwierig zu erlernen. Das klappt sicher noch nicht von Anfang an, wenn die Kleinen erst lernen müssen, das Besteck in beiden Händen zu halten und zu gebrauchen. Sobald das sicher funktioniert, sollten Sie darauf achten, dass die Arme nicht weit vom Körper wegstehen, sondern wie oben beschrieben nur parallel zum Körper bewegt werden.
Die Hände ruhen etwa fünf bis zehn Zentimeter oberhalb der Tischkante auf dem Tisch. Auch das ist am Anfang nicht einfach, wenn es sich ein Erwachsener antrainieren muss – zu tief ist die gewohnte Haltung im Unbewussten verankert. Deshalb ist es besonders wichtig, dass Ihr Kind sich frühzeitig daran gewöhnt. Alle Haltungsregeln sind Lernprozesse, die über den Körper, nicht über den Verstand gehen. Bei den Kleinen ist es noch nicht so wichtig, dass eine Zentimeterzahl berücksichtigt wird, das kommt mit zunehmendem Alter. Wichtig ist jedoch, dass die Hände immer auf und nicht unter dem Tisch sind. Wenn nicht gegessen wird, dann ruhen die Hände wie oben beschrieben auf dem Tisch.
Ist allerdings Besteck in der Hand, dann sollten die Hände mit dem Besteck nicht auf den Tisch gestützt werden. Möchten Sie Ihre Arme entspannen, so können Sie jederzeit das Besteck

auf dem Teller ablegen und Ihre Hände auf den Tisch legen. Die Ellenbogen sind zu keinem Zeitpunkt auf dem Tisch, weder während der Essenspausen noch nach dem Essen. Leben Sie das Ihrem Kind vor und ermuntern Sie es, das Besteck ebenso abzulegen. Lassen Sie nicht zu, dass Hände unter den Tisch wandern.
Die Atmosphäre beim Essen ist wichtig. Wenn Sie gemütlich zusammensitzen wollen und es genießen, nun endlich Zeit miteinander zu haben, sollten Kinder nicht auf dem Stuhl hin- und herrutschen oder kippeln.

Übung
Klemmen Sie sich und Ihren Kindern während des Essens zwei nicht zu schwere Bücher zwischen Oberkörper und Arme. Versuchen Sie nun zu essen. Wenn Sie feststellen, dass die Bücher herunterfallen, dann ist das ein Zeichen dafür, dass die Arme nicht nur parallel zum Körper bewegt werden, sondern auch von ihm weg. Ziel sollte also sein, dass die Bücher an ihrem Ort bleiben. Machen Sie einen Spaß daraus und schließen Sie Wetten mit den Kindern ab, wer es am längsten schafft, die Bücher an ihrem Ort zu behalten oder bei wem sie am seltensten nach unten fallen. Diese Übung sollte kein Dauerzustand sein, sondern nur hin und wieder wiederholt werden. Es geht hier lediglich darum, dass der Körper das Gefühl dafür bekommt, wie sich eine richtige Haltung anfühlt. Ähnlich wie beim Erlernen der richtigen Haltung bei Sportarten oder beim Tanzen hilft die rein intellektuelle Erkenntnis nicht aus.

Allgemeines Verhalten

Karin, vier Jahre, ist absolut fasziniert. Lauter grüne Schlangen! Wenn man eine berührt, dann bewegen sich alle. Sie gleiten und rutschen aneinander vorbei. Man kann schöne Nester mit ihnen bauen, kleine und große. Und noch vieles mehr mit ihnen spielen. „Wie oft habe ich dir schon gesagt, mit dem Essen spielt man nicht. Iss endlich deine Spinatnudeln, bevor alles kalt wird!", schimpft der Vater.

Kinder erleben die Welt so anders als wir Erwachsenen. Dinge, die für uns selbstverständlich erscheinen, sind für Kinder oft ein wahres Wunder. Kinder sollen nicht mit dem Essen spielen, sondern Respekt und Wertschätzung für Lebensmittel aufbringen. Das lernen sie aber nur durch langsames Verstehen. Ein Kind, das mit dem Essen spielt, ist meistens gelangweilt oder neugierig, aber nicht böse.

Grundregeln bei Tisch gelten von klein an.

Sobald das Kind selbstständig bei Tisch sitzen und alleine essen kann, sind noch ein paar Grundregeln wichtig.

Die Hitliste der unappetitlichsten Fehler:

- kauen mit offenem Mund;
- schmatzen;
- schlürfen;
- rülpsen;
- mit dem Fingern Nahrung aus dem Mund holen;
- mit dem Essen herumspielen;
- das Messer ablecken;
- mit dem Besteck herumfuchteln;
- über unappetitliche Dinge sprechen;
- Essen ausspucken.

Verständlich, dass kleinere Kinder nicht so lange am Tisch sitzen wollen wie die Eltern. Vereinbaren Sie aber, dass niemand den Tisch verlassen darf, bevor nicht die Erlaubnis dazu erteilt wurde. Die Kinder sollten fragen, ob sie schon aufstehen dürfen.

Trainieren Sie Respekt vor dem Essen und der Mühe, die sich Koch oder Köchin gegeben haben. Sobald Kinder feste Nahrung zu sich nehmen können, dürfen sie auf dem Teller nicht herummatschen.

Einem Kleinkind wird das Essen noch kühl gepustet. Ein Kind, das schon selber essen kann, lernt durch Ihr Vorbild und Ihre Hinweise, dass es warten kann, bis die Speise ein wenig abgekühlt ist – aber dass es nicht pustet.

Lebensmittel, die einmal angefasst wurden, wie zum Beispiel eine Scheibe Brot aus dem Brotkorb, müssen dann auch genommen werden.

Guten Appetit!

Bei einem gemeinsamen Essen gibt es für fast alles ein Startzeichen. So soll gewährleistet werden, dass das Menü gemeinsam erlebt wird. Wo auch immer Sie sind: Gastgeber oder Gastgeberin geben das Zeichen zum Beginn des Essens. Wenn Sie zu Feiern in traditionellen Familien eingeladen sind, dann können Sie beobachten, dass meistens die Gastgeberin das Startzeichen zum Essensbeginn gibt und der Gastgeber den Hinweis, dass der Wein getrunken werden darf. Konkret bedeutet das: Sie als Gast dürfen keinen Schluck Wein trinken und keinen Bissen Ihres Menüs essen, bevor Ihnen nicht der Start signalisiert wurde.

„Guten Appetit“ ist für zu Hause in Ordnung, „Mahlzeit“ völlig deplatziert. Dieses Wort sollten Sie aus Ihrem Wortschatz streichen. Sie sollten jedoch wissen und Ihren Kindern vermitteln: Je formeller das Essen desto zurückhaltender die Aufforderung des Gastgebers, mit dem Essen zu beginnen. In vielen Fällen signalisiert ein kurzes Nicken mit dem Kopf, dass angefangen werden darf. Sie können auch eine andere Formulierung als „Guten Appetit“ wählen. In manchen Familien wird gesagt: „Lasst es euch schmecken!“ oder „Bitte fangt an!“

Praxistipps

1. Vergessen Sie das Loben nicht, wenn Ihr Kind sich bei Tisch korrekt verhält.
2. Wenn Sie gemeinsam vor dem Fernseher sitzen und wieder einmal feststellen, dass in den Filmen viele Darsteller das Wein- oder Sektglas falsch anfassen – nämlich am Kelch und nicht am Stiel –, so kommentieren Sie das. So hat Ihr Kind eine Chance, die eigene Beobachtung zu trainieren und auch von anderen zu lernen, selbst wenn es deren Fehler sind. Es lernt auch: Fehler werden gesehen.

Umgang mit Besteck, Geschirr, Gläsern und Serviette

Tatjana, 13 Jahre, ist bei ihrer Schulfreundin Sabine zum Mittagessen eingeladen. Verdutzt beobachtet Sabines Vater, der gekocht hat, wie Tatjana ihr Gedeck umsortiert und dabei das Messer von rechts nach links und die Gabel von der linken Seite des Tellers auf die rechte legt. „Was machst du da?“, fragt er. „Ich esse andersrum und lege mir das Besteck gleich so hin. Das ist bequemer,“ antwortet Tatjana.

Es gibt ein Grundprinzip bei Tisch, das viele Regeln erklärt: Symmetrie der Tafel. Jeder schön gedeckte Tisch ist so eingedeckt, dass das Arrangement von Geschirr, Besteck und Gläsern für jeden Mitesser exakt gleich ist. Auch die Tischdekoration wie Butterschalen oder anderes sind – zumindest im

Restaurant – punktgenau eingesetzt. Jeder Gast, der sich nun entscheidet, sein Glas zu verrücken, weil es dann bequemer ist, die Tischdekoration zu verschieben, weil er dann besser Händchen mit der Nachbarin halten kann, oder den Brotteller direkt vor sich platziert, um nicht zu krümeln, zerstört diese Symmetrie und damit den Anblick der festlich gedeckten Tafel. So erklärt es sich, dass die Position der Teller nicht verändert werden darf und der Brotteller seinen Platz behalten muss.

Der Familientisch wird nicht immer exakt symmetrisch sein, vor allem dann nicht, wenn noch kleinere Kinder mitessen, die ein extra Geschirr haben. Trotzdem können Sie diese Regel vorleben. Gut ist es auch, darauf zu achten, dass mithelfende Kinder, die den Tisch decken, dies berücksichtigen und dass während des Essens nicht alles durch die Gegend geschoben wird, sondern auf seinem Platz bleibt.

Einer der häufigsten Fehler ist es, den eigenen Teller nach Beendigung des Gangs von sich wegzuschieben. Damit wird jedoch zu demonstrativ gezeigt, dass der Esser mit seinem Gang fertig ist – das könnte dann seine Nachbarn unter Zeitdruck bringen. Ebenso behindert man damit im Restaurant den Service, der sich weit über den Tisch beugen müsste, um den Teller vom Tisch zu nehmen.

„Unterstützen" Sie auch bitte nicht den Service mit dem Zusammenstapeln von Geschirr. Tatsächlich machen Sie damit den Mitarbeitern des Restaurants das Arbeiten nur schwerer. Geschulter Service hat spezielle Handgriffe, die auf effektive Weise das Auf- und Abtragen gewährleisten. Das funktioniert nur, wenn sich auch die Gäste an die Spielregeln halten. Legen Sie Ihr Besteck anders ab oder reichen Sie den Teller an, so können die gewohnten, sicheren Handgriffe nicht eingesetzt werden. Sie können schon zu Hause dafür sorgen, nicht das Geschirr am Tisch zusammenzustapeln, sondern es mit einem Tablett oder einzeln abzutragen. Zusammengestapeltes Geschirr sieht auch am heimischen Esstisch nicht appetitlich aus.

Die Anordnung des Bestecks

Das Besteck links und rechts neben dem Teller wird von außen nach innen verwendet. Sorgen Sie dafür, dass sich die Kinder daran gewöhnen, dass es für Vorspeise und Hauptspeise je ein neues Besteck gibt. Oberhalb des Tellers liegt das Besteck für den Nachtisch. Das komplette Dessertbesteck besteht aus Löffel und Gabel, gebrauchen Sie beide Teile zugleich und verwenden Sie dabei den Löffel nicht nur in seiner klassischen Funktion, sondern auch als Messerersatz zum Zerteilen. Sollten Sie eines der beiden Besteckteile nicht mehr benötigen, so können Sie es auch im oberen Teil des Tellers ablegen und nur mit dem anderen Besteckteil weiteressen. Gibt es nur Pudding, liegt natürlich nur ein Löffel da. Benutztes Besteck wird auf keinen Fall mehr auf den Tisch gelegt.

Kontrollieren Sie Ihre eigene Besteckhaltung: Die Spitze des Bestecks darf nie nach oben oder auf das Gegenüber gerichtet sein. Das sieht nicht nur unschön aus, sondern hat auch eine aggressive Note. Machen Sie niemals unterstreichende Gesten mit dem Besteck in der Hand. Wenn Sie Ihre Hände für Gesten gebrauchen wollen, so ist das selbstverständlich auch bei Tisch möglich. Legen Sie einfach Ihr Besteck auf dem Teller ab und gestikulieren Sie dann. Vermeiden sollten Sie dabei allerdings weit ausholende Bewegungen. Machen Sie die Kleinen darauf aufmerksam, wenn diese mit ihrem Temperament und lebhaften Schilderungen des Schultages wild in der Gegend herumfuchteln. Sagen Sie es Ihrem Kind freundlich und nicht kritisierend, sonst verliert es die Lust, zu erzählen. Machen Sie lieber einen Scherz darüber, dass Sie Angst haben, mit dem Messer erstochen zu werden.

Pausenzeichen

Auch Ihre Kinder können schon die Besteckspräche lernen. Es gibt nur zwei Signale: Wenn Sie nachgelegt bekommen möchten, kreuzen Sie das Besteck auf dem Teller. So sollte das Besteck auch liegen, wenn Sie eine Esspause machen. Wenn Sie mit dem Gang fertig sind, wird es parallel abgelegt, wobei die Griffe gegen fünf Uhr zeigen.

Machen Sie keine Fehler vor, indem Sie „Brücken" bauen – also das Besteck mit dem Griff auf dem Tischtuch aufliegt und die Spitze auf dem Tellerrand. Es gilt die Regel, dass Besteck, das einmal das Tischtuch verlassen hat, kein zweites Mal die Decke berühren darf. Durch die Schräglage könnte Soße am Griff herunterlaufen. Dies ist eine einfache und logische Erklärung, die auch Kinder verstehen.

Ebenfalls weitverbreitet ist der Fehler, den Suppenlöffel in der Suppentasse stecken zu lassen. Dabei besteht die Gefahr, dass Sie – oder die Servicekraft – gegen den Löffel stoßen und die

Tasse umfällt. Aus dem gleichen Grund lassen Sie Ihr Besteck auch nie in einem Eisbecher stehen, sondern legen es immer auf den Unterteller ab. Kinder möchten ihr Eis nicht umstoßen – wenn Sie also die Hintergründe der Regel erklären, wird es in diesen Fällen sicher motiviert sein, sich das zu merken.
Im Restaurant befinden sich manchmal zwei Teller unter der Tasse. Der unterste, etwas größere, ist nur zum Servieren gedacht. So ist es für den Service leichter, die heißen Tassen zu transportieren. Den Löffel legen Sie in diesem Fall immer auf den Teller, der direkt unter der Tasse ist. Sind Sie mit der Familie im Restaurant und stellen solche Unterschiede im Geschirr oder im Decken einer Tafel fest, dann können Sie dies immer kommentieren. So lernen alle in der Familie, auf solche Dinge zu achten.

Kaffee und Kuchen

Ein gemeinsames Kaffeetrinken ist in vielen Familien eine gute Alternative für Familientreffen an Feiertagen.
Wenn Sie die Grundregeln des Verhaltens bei Tisch berücksichtigen, kann nicht viel schief gehen:

- Verrücken Sie Ihr Geschirr nicht, sondern lassen Sie es an seinem Platz stehen.
- Beginnen Sie erst, wenn die Gastgeber das tun.
- Greifen Sie nicht weit über den Tisch, sondern bitten Sie, dass Ihnen jemand Zucker oder Milch reicht.
- Legen Sie die Serviette auf den Schoß.
- Machen Sie keine Geräusche beim Essen oder Trinken.

- Bauen Sie mit Ihrem Besteck keine Brücken, sondern berücksichtigen Sie, dass Besteck, das einmal von der Tischdecke weggenommen wurde, nicht mehr mit dieser in Berührung kommen darf.
- Lassen Sie den Löffel nicht in der Tasse stehen.
- Reichen Sie Ihre Tasse nie ohne Untertasse zum Nachschenken.

Einige Dinge sind bei der Kaffeetafel dennoch besonders zu berücksichtigen:
Die stilvolle und elegante Art, eine Tasse zu nehmen, ist und bleibt, sie am Henkel anzufassen – auch wenn Sie es oft anders sehen. Das Umfassen der Tasse mit einer oder beiden Händen ist bei Tisch absolut unmöglich. Kennen die Kinder diese Regeln vom Frühstücken, so werden sie sich ganz selbstverständlich richtig benehmen.
Der Löffel hat nichts in der Tasse zu suchen, außer beim Umrühren. Er gehört immer auf die Untertasse, ganz gleich, ob noch Kaffee in der Tasse ist oder nicht. Der Löffel wird nicht abgeleckt! Kaffee und Tee sind Getränke, keine Speisen. Außerdem sollten Sie Ihr Getränk mit dem Löffel nicht quirlen – nur ein bis zwei Mal mit dem Löffel umrühren.
Wenn Ihnen Kaffee eingeschenkt wird, können Sie Ihre Tasse mit der Untertasse ein wenig anheben und der Kanne somit entgegenkommen.
Teebeutel haben am Tisch nichts zu suchen. Wird der Tee aber so serviert, so legen Sie den Beutel immer auf einem separaten Teller ab, nicht auf der Untertasse.

Serviette oder Lätzchen

Die Serviette wird niemals ganz entfaltet. Sie liegt einmal halbiert während des ganzen Essens auf dem Schoß. Sie nehmen sie immer nur dann ein Stück nach oben, wenn Sie sich den Mund abtupfen wollen, danach kommt sie wieder auf den Schoß zurück. Zwischen den Gängen bleibt sie dort ebenfalls liegen. Sobald Ihr Kind ohne Lätzchen isst, sollte es wie die anderen am Tisch auch eine eigene Serviette haben. Solche Dinge eignen sich immer sehr schön als kleine Rituale des Größerwerdens. Es kann ein eindrucksvolles Moment sein, wenn Sie dem Kind sagen, dass es ja nun groß ist und schon so schön essen kann, dass es das Lätzchen nicht mehr braucht. Sobald ein Kind die Serviette benutzt, sollte Sie diese nie wie ein Lätzchen um den Hals binden.

Machen Sie mithilfe Ihrer Serviette vor, dass die offene Seite der Faltung zum Körper hin zeigt. So können Sie mit der Innenseite der oberen Hälfte den Mund abtupfen, und beim Ablegen bleibt sowohl die Außenseite als auch Ihre Kleidung unter der Serviette stets sauber. Bevor Sie trinken, tupfen Sie sich kurz den Mund ab. Auf diese Weise vermeiden Sie unappetitliche Fettränder an den Gläsern. Wenn Sie den Platz während des Essens verlassen müssen, liegt die Serviette locker zusammengefaltet links neben Ihrem Teller.

Dort wird sie auch lose gerafft oder gefaltet nach dem Essen abgelegt, bitte nicht akkurat zusammenlegen. Das gilt sowohl für Stoff- als auch für Papierservietten. Auch Papierservietten werden weder auf dem Teller abgelegt noch zusammengeknüllt. Essen Sie zu Hause, dann kann eine Serviette, die wie-

der benutzt werden soll, in einen Serviettenring oder eine Serviettentasche gesteckt werden.
Wenn Sie im Restaurant essen, werden Sie feststellen, wie wichtig es ist, die Serviette zu Beginn der Mahlzeit auf den Schoß zu legen und nicht erst dann, wenn das Essen kommt. Oft wird übersehen, dass der professionelle und leise Service sich mit dem ersten Gang nähert. Wenn alle erst ihre Servietten entfalten, müssen die Kellner mit den heißen und schweren Tellern in der Hand warten. Das ist erstens nicht angenehm, zweitens verzögert sich so der Ablauf. Zudem gibt es manchmal vorab als Überraschung einen „Gruß aus der Küche", auch Amuse-Bouche genannt. Auch dazu sollte der Platz beziehungsweise Ihr Platzteller frei sein. Entfaltet wird die Serviette in der Regel nach der Bestellung der Speisen oder wenn der Gastgeber seine Serviette auf seinem Schoß platziert. Vermitteln Sie Ihren Kindern ebenso zu Hause, dass Sie mit dem Entfalten der Serviette warten sollen, bis es einer der beiden Eltern getan hat. So gewöhnen sich die Kinder ganz automatisch an dieses Zeichen des Gastgebers.

Tische korrekt decken

Familie Merk besucht Verwandte, die wie sie selbst zwei Kinder haben. Merks staunen nicht schlecht, als das Abendessen ansteht, das sie noch gemeinsam einnehmen wollen. Als die Frage kommt: „Wer von Euch deckt denn heute den Tisch?", rufen beide Kinder: „Ich! Ich! Ich!" „Nanu", sagt Herr Merk. „Kinder, die unbedingt den Tisch decken wollen? Das habe ich ja noch nie gehört!" „Oh, ganz einfach", erwidert seine Cousine. „Wir haben verschiedene Service, jedes Kind hat da seinen Favoriten. Das Kind, das den Tisch deckt, hat dann die Wahl, von welchem Geschirr gegessen wird, welche Servietten dazu gewählt werden und welche Kerzen. Das macht ihnen einfach Spaß."

Decken Sie zu Hause den Tisch immer korrekt ein, auch wenn es nur Kleinigkeiten zu essen gibt. So gewöhnen sich alle Familienmitglieder daran und die Kinder haben weniger Schwierigkeiten, wenn sie später zum Essen in der gehobenen Gastronomie sind.
Gibt es nur einen Gang, der mit einem einzelnen Besteckteil zu essen ist, zum Beispiel einen Eintopf, so liegt das Besteck – wie in diesem Fall der Löffel – auf der rechten Seite.
Sonst gibt es normalerweise mindestens das sogenannte „kleine Gedeck". Es wird für das klassische Dreigang-Menü verwendet und besteht aus Messer und Gabel für den Hauptgang, einem Löffel für die Suppe und dem Dessertbesteck. Zusätzlich kann es bei festlicheren Essen dazu noch auf der linken Seite einen Brotteller mit einem Brotmesser geben.
Decken Sie auch genügend und passendes Vorlegebesteck ein. Keiner darf sich mit dem eigenen Besteck etwas aus den Schüsseln angeln.

Von außen nach innen

Achten Sie darauf, dass Besteck und Geschirr an jedem Platz gleich weit von der Tischkante entfernt sind. Das Besteck wird beim Essen von außen nach innen Stück für Stück bei jedem

Gang genommen. Beim Eindecken gehen Sie genau anders herum vor, wenn es zum Beispiel bei Festen mehrere Gänge gibt. Beginnen Sie mit dem sogenannten Grundbesteck, also dem Besteck für den Hauptgang. Sie decken die Gabel auf der linken und das Messer auf der rechten Seite. Beide sollten ungefähr gleich weit vom Platzteller entfernt sein. Haben Sie einen Fischgang geplant, dann kommt nun jeweils auf der äußeren Seite des Grundbestecks das Fischbesteck, dann rechts neben das Messer der Löffel für die Suppe und anschließend Messer und Gabel für die Vorspeise. Die Gabel liegt dabei wie immer links, das Messer auf der anderen Seite. In Restaurants können Sie feststellen, dass die (vom Tellerrand gesehen) zweite Gabel immer etwas höher liegt. Sie wird so gedeckt, dass ihre breiteste Stelle auf Höhe der schmalsten Stelle der inneren Gabel liegt. Das ist für Sie zu Hause kein „Muss“, es sieht einfach etwas eleganter aus.

Früher wurde der Suppenlöffel oberhalb des Tellers gedeckt, in der Gastronomie ist das schon lange nicht mehr üblich, auch in Privathaushalten wird es nur noch selten gemacht. Entscheiden Sie sich lieber für die modernere Version, dann sind die Kinder daran gewöhnt.

In manchen Familien ist es üblich, dass Gabel und Messer beide auf der rechten Seite liegen. Eine Sitte, die angeblich aus Spanien kommt, und deshalb auch „Spanisches Gedeck“ genannt wird. In diesem Fall liegt die Gabel innen, das Messer mit der Schneide nach innen auf der Außenseite. Dies ist eine Geschmacksfrage und absolut korrekt.

Bei der hauptsächlich verbreiteten Deckweise des oben beschriebenen Beispiels hätten Sie also bei einem großen Gedeck links drei Gabeln liegen, rechts vier Bestecke: drei Messer und einen Löffel. Mehr wird auch nicht eingedeckt. Selbst wenn Sie zu Hause ein großes Menü haben, decken Sie die dann noch fehlenden Stücke erst vor dem entsprechenden Gang nach.
Das Dessertbesteck wird oberhalb des Tellers gelegt. Die Gabel liegt dabei dem Teller am nächsten, der Griff zeigt nach links. Darüber kommt der Löffel mit dem Griff nach rechts.
Servieren Sie als Dessert frisches Obst, so wird das Obstmesser mit Griff nach rechts zuerst eingedeckt und dann oberhalb des Messers die Gabel, wieder mit dem Griff nach links.

Keine Ausnahmen für Linkshänder bei Tafeln

Alle beschriebenen Anordnungen orientieren sich danach, dass die meisten Menschen Rechtshänder sind. Selbst wenn ein Familienmitglied oder ein Gast Linkshänder ist, decken Sie für ihn genauso wie für die anderen auch. Sonst würde das Grundprinzip festlicher Tische gestört werden, die oben beschriebene Symmetrie der Tafel. Probieren Sie es einmal aus, Sie werden sehen, dass ein einzelnes Gedeck, das aus der Reihe ausschert, eine Disharmonie am Tisch erzeugt. Lassen Sie Ihr linkshändiges Kind ruhig das Besteck „andersherum" handhaben, das ist heutzutage glücklicherweise überall völlig akzeptiert.
Das Messer wird so gedeckt, dass die Schneide zum Teller zeigt. Bei den Gabeln haben Sie freie Wahl, ob Sie die Zinken

nach oben oder Richtung Tischdecke zeigen lassen. Auf den meisten Tischen werden Sie die erste Variante finden. Manche Familien haben jedoch ein Monogramm auf dem Besteck, sehr selten ist es nicht oben auf dem Griff, sondern unten auf dem Übergang vom Griff zu den Zinken. Damit das Monogramm sichtbar ist, werden dann die Gabeln so eingedeckt, dass man sich an dem Anblick erfreuen kann.
Spezialbesteck wird folgendermaßen gedeckt: Links vom Teller liegt die Schneckenzange sowie die Hummerzange. Rechts befinden sich Schneckengabel, Hummergabel, Austerngabel. Ein Sorbetlöffel kommt mit dem Sorbet, ebenso ein Besteckteil, das Sie bei Festen vielleicht für das Amuse-Gueule brauchen. Es ist schön, wenn Sie mindestens ein Sonderbesteck zu Hause haben. So ist es für Ihre Kinder eine Selbstverständlichkeit, das es so etwas gibt, und sie werden mit Leichtigkeit auch andere Sonderbestecke nutzen können.
Auf die linke Seite kommt der Brotteller. Sie können ihn entweder mit der Unterseite parallel zum untersten Punkt des Platztellers oder mit seinem Mittelpunkt parallel zum Mittelpunkt des Platztellers stellen.
Möchten Sie Ihre Kinder lehren, wie bei Tisch kultiviert mit den Fingern gegessen wird, so können Sie bei Fingergerichten auch eine Fingerschale anbieten. Sie wird oberhalb des Brottellers abgestellt.
Sorgen Sie auch bei den Ausnahmen, wenn Sie tatsächlich einmal gemeinsam vor dem Fernseher essen, dafür, dass der Rahmen schön und alles nett angerichtet ist. Erklären Sie den Kindern, warum in der Werbung das Familienessen ganz

anders aussieht. Schließlich wollen die Hersteller von Marmelade, Getränken und Süßigkeiten, dass die Verpackungen gut zu sehen sind. Darum stehen sie in der Werbung auf dem Tisch und die Darsteller trinken aus Flaschen und Dosen.

Praxistipps

1. Gestalten Sie den Esstisch liebevoll und abwechslungsreich. Nur dadurch führen Sie Ihre Kinder auf ganz selbstverständliche Weise in das Thema Tischkultur ein. Käse, Wurst und Butter, die einfach in der Verpackung auf den Tisch geknallt werden, sind nicht sehr einladend und bestimmt nicht kultiviert.
2. Nehmen Sie die Kinder so früh wie möglich mit in die Küche und lassen Sie sie dadurch daran teilhaben, wie eine Mahlzeit entsteht. So kann Ihr Kind Wertschätzung gegenüber Ihrer Mühe und den Nahrungsmitteln entwickeln.
3. Geben Sie den Kindern von klein auf altersgemäße Aufgaben für die gemeinsamen Familienmahlzeiten.

Büfetts

Tim, 14 Jahre, freut sich. Seine Eltern haben ihm tatsächlich erlaubt, zu seinem Geburtstag eine Party zu geben. Er hat sich Mühe mit der Vorbereitung gegeben. Der Hobbykeller ist ausgeräumt und dekoriert. Er hat die Stereoanlage aufgebaut und Musik ausgesucht. Gemeinsam mit seinen Eltern hat er ein paar Leckereien zum Essen gekauft und zu einer Art Büfett aufgebaut. Kurz bevor die Gäste kommen, wird er doch aufgeregt. Schließlich ist es die erste richtige

Party, die er gibt. Er will die Feier mit einem lustigen Spiel starten, dann das Büfett mit ein paar Worten auf Deutsch und Englisch eröffnen, denn schließlich soll der Gastschüler David aus den USA auch gewürdigt werden. Langsam trudeln die ersten Gäste ein. Auch sein bester Freund Martin kommt. „Mann, hab ich Kohldampf", sagt er. Und bevor Tim etwas sagen kann, fängt Martin an, sich am Büfett zu bedienen. Da einer begonnen hat, ziehen auch die anderen Gäste nach. Tim ist zum Heulen zumute. Er hat es sich so schön vorgestellt, das Büfett zu eröffnen und David zu überraschen.

Nutzen Sie die Gelegenheit von fröhlichen Partys mit Büffet, Ihre Kinder einzuweisen, wie die wichtigsten Spielregeln dabei sind. Ein Büfett muss immer von Gastgeberin oder Gastgeber eröffnet werden. Auch ein zu neugieriges Begutachten der Speisen vor der Eröffnung wirkt gierig – für Kinder nicht einfach, wenn Sie den Anblick von appetitlichen süßen Speisen vor ihrer Nase haben.
Bei einer informellen Party gibt es oft nicht genug Geschirr, das es ermöglichen würde, dass jeder Gast im Laufe des Abends fünf oder sechs Teller benutzt. Dann ist es natürlich völlig in Ordnung, mit dem bereits benutzten Teller wieder zum Büfett zu gehen. Im Restaurant oder bei einem Cateringservice können Sie erwarten, dass hinter Ihnen abgeräumt wird.
Ihren benutzten Teller und das Besteck lassen Sie deshalb in diesen Fällen immer auf dem Tisch stehen. Mit benutztem Geschirr sollten Sie möglichst nicht herumlaufen, auch wenn Sie sich vom gleichen Gericht noch einmal nehmen möchten. Essen oder Trinken im Gehen sind ebenfalls tabu.

Eine Speise nach der anderen

Nehmen Sie sich immer nur die Speisen auf den Teller, die zueinanderpassen. Viele Menschen laden sich von der Vor- bis zur Nachspeise ein Sammelsurium auf den Teller, um sich weitere Gänge zu ersparen. Erklären Sie den Kindern, dass man damit unter Umständen den Mitessern den Appetit verdirbt und den Gastgeber beleidigt, der sich viel Mühe bei der Auswahl der sorgfältig aufeinander abgestimmten Gänge gegeben hat. Wenn Sie mehrfach von den Gerichten nehmen, dann halten Sie sich an die übliche Speisefolge. Das bedeutet nicht, dass Sie von jedem Gang probieren müssen. Niemand nimmt es Ihnen übel, wenn Sie nach zwei Portionen Salat zum Nachtisch übergehen. Doch viele ärgern sich, wenn Sie immer noch bei der Knoblauchcremesuppe sind, während die anderen am Tisch bereits Mousse au Chocolat essen.

Große Dekorationsobjekte bleiben auf dem Büfett stehen – auch wenn Sie sehr appetitlich aussehen, schießlich möchten sich auch andere Gäste noch daran erfreuen. Benutzen Sie immer das Vorlegebesteck, das dort bereitliegt. Auf keinen Fall dürfen Sie sich etwas mit den Fingern oder dem eigenen Besteck nehmen.

Sitzen Sie am Tisch, so brauchen Sie nicht zu warten, bis alle anderen mit ihrem Essen Platz nehmen. Nur wenn Sie einen festen Tischnachbarn – also Tischdame oder Tischherr – haben, dann warten Sie beide jeweils aufeinander.

Meine Suppe ess ich nicht: Mäkelige Kinder am Tisch

Laura, fünf Jahre, sitzt mit den Eltern am Tisch. Es gibt Spaghetti, ein Essen, das sie liebt. „Igitt, die Spaghetti sehen doof aus, die will ich nicht!“, nölt sie. „Aber du magst sie doch sonst?“, wundert sich ihr Vater. „Nein! Eklige Spaghetti.“ „Liebling, was möchtest du denn?“, fragt ihre Mutter. „Ich will Pommes.“ Die Mutter, besorgt, dass ihr Kind zu wenig essen könnte, wirft ein paar Tiefkühlpommes in den Backofen. „Die ess ich nicht. Die sind nicht knusprig.“ Nun steht der Vater auf, um die Pommes erneut in den Ofen zu schieben. „Die sind aber ohne Mayo. Ich will Pommes mit Mayo.“ Die Mutter schaltet sich ein: „Die Mayonnaise ist leider alle. Iss die Pommes doch mit Ketchup.“ „Nein, doof. Will ich nicht. Schmeckt mir nicht.“ Bei den Nachbarn wird nun ein Glas Mayonnaise geborgt und etwas davon auf die Pommes gegeben. „Die Mayo schmeckt anders als unsere. Mag ich nicht. Doofe Mayo.“

Es ist völlig in Ordnung, wenn Kinder bestimmte Dinge nicht mögen. Sie sollten dann auch nicht dazu gezwungen werden, diese Gerichte zu essen. Etwas anderes ist es, wenn Kinder heikel sind und sehr viele Dinge nicht essen und die gesamte Familie sich nach dem Kind richten muss. Gehen Sie deshalb mit gutem Vorbild voran. Wenn ein Elternteil mäkelig ist, werden die Kinder es auch werden. Allein schon wegen der besonderen Aufmerksamkeit, die sie damit bekommen. Sonderessen bei wählerischen Kindern sind ein Teufelskreis: Sie geraten beim ersten Wunsch außer der Reihe in den Fokus der Aufmerksamkeit und bekommen eine „Portion Extrabetreuung“, die sie vielleicht an anderer Stelle vermissen. Kaum wünscht sich das Kind wieder mehr Zuwendung, heißt es: „Brokkoli esse ich nicht!" Prompt drehen sich die Gespräche um das Thema Kind und Brokkoli, bis einer der Eltern in die Küche geht und etwas anderes kocht.

Sie bestimmen den Speiseplan

Lassen Sie also nicht zu, dass ein Kind den Speisezettel der Familie regiert, schon dem Kind zuliebe nicht. Bedenken Sie, welches Bild Ihr Kind während eines Testessens mit einem potenziellen Arbeitgeber oder Kunden abgeben würde. Es wird als Erwachsener den Eindruck erwecken, es sei nicht einfach mit ihm, man könne es ihm nicht leicht recht machen, es herrsche eine gewisse Empfindlichkeit. Nicht unbedingt das, was sich Geschäftspartner wünschen. Außerdem ist es schlicht und ergreifend eine Unhöflichkeit gegenüber dem Gastgeber, seinen Empfehlungen nicht zu folgen, sein liebevoll zusammengestelltes Menü mit vielen Sonderwünschen zu torpedieren und ihm das Leben schwer zu machen. Des Weiteren ist es gerade bei neuen Kontakten so, dass Menschen von einem Persönlichkeitsmerkmal einer anderen Person auf die gesamte Persönlichkeit schließen. Somit besteht die Gefahr, dass ein neuer Geschäftspartner vermutet, sein Tischnachbar sei auch bei der Abarbeitung von zugewiesenen Aufgaben so problematisch.

Kochen Sie deshalb nicht für jedes Familienmitglied ein anderes Essen. Eine Mahlzeit für alle, jeder der einen Bestandteil nicht mag, isst eben die anderen Dinge. So darf einer den

Rosenkohl weglassen, der andere die Kartoffeln und der Dritte den Salat. Falls dann noch Hunger herrschen sollte, kann ein belegtes Brot oder ein Apfel angeboten werden.
Kinder lernen auf diese Weise Rücksicht und Anpassungsfähigkeit. So gesund Zwischenmahlzeiten nach dem neuesten Stand der Ernährungswissenschaftler sind: Eine Stunde vor der Mahlzeit sollten Kinder nichts mehr essen, dann ist die Gefahr des Stocherns und Mäkelns geringer.
Lehren Sie Ihr Kind, wie es Essen, das ihm nicht schmeckt, höflich ablehnen und stehen lassen kann. Bleiben Sie fest, wenn es um Mäkeln und Miesmachen des Essens geht. Sätze wie „Igitt, das mag ich aber nicht" oder „Das sieht so eklig aus" sollten Sie auf keinen Fall dulden. Erklären Sie, dass es damit andere Personen verletzt und ihnen den Appetit verderben kann.
In bestimmten Abständen kann sich jeder in der Familie sein Lieblingsessen wünschen. So bleibt es abwechslungsreich und jeder ist im Laufe eines Monats mindestens ein Mal restlos glücklich mit der Mahlzeit.

Praxistipps

1. Ermuntern Sie die Kinder, auch neue Nahrungsmittel einmal zu probieren. Erklären Sie dabei, was es ist, und warum Sie selbst es so gerne essen. Zelebrieren Sie bewusst den eigenen Genuss der umstrittenen Speise bei Tisch. Vergessen Sie nicht, dass neue Gerichte bis zu dreißig Mal auf dem Tisch stehen und von anderen gegessen werden können, bis die ablehnende Haltung eines Kindes schwindet. Kombinieren Sie möglichst immer Neues mit Vertrautem.
2. Lassen Sie die Familienmitglieder im Wechsel ihre Lieblingsspeise wünschen.
3. Sie entscheiden, was es gibt. Lassen Sie das Kind entscheiden, was und wie viel es jedes Mal davon haben möchte.
4. Kochen Sie nicht auf Kommando nur das, was das Kind in diesem Augenblick will. Sie sollten entscheiden, wie der Speiseplan der Familie aussieht.

Familienregeln für harmonische Essen

Folgende Regeln können Sie bei sich festlegen:

- Vor dem Essen Hände waschen.
- Erst mit dem Essen anfangen, wenn alle sitzen und die Eltern das Signal dafür geben.
- Spielzeug gehört nicht an den Tisch.
- Die Portionsmenge, die sich das Kind selbst gewählt hat, muss es auch aufessen.
- Nahrung ist kein Spielzeug.
- Von neuen Speisen zumindest einmal kosten.

- Meckern ist tabu.
- Erst vom Tisch aufstehen, wenn die Erlaubnis dazu kommt.
- Hände gehören auf den Tisch, Ellenbogen nicht.
- Kein schmatzen, pusten, schlürfen.
- Die Arme bewegen sich nur parallel zum Körper.
- Die Besteckspitzen zeigen nach unten.
- Gabel oder Löffel nicht mit Bergen beladen.
- Besteck wird nicht zum Gestikulieren benutzt.
- Die Serviette gehört auf den Schoß, sobald das Kind kein Lätzchen mehr hat.
- Kinder dürfen mitreden, aber niemanden unterbrechen.
- Wenn Gäste der Eltern da sind, dominieren die Kinder nicht die Unterhaltung.

Typische Fehlersätze der Eltern:

- „Halt den Mund und iss!“
- „Du sollst probieren, was auf dem Tisch ist!“
- „Iss jetzt endlich. Es schmeckt dir doch!“
- „Iss auf, dann scheint morgen die Sonne!“
- „Benutze den Mund zum Kauen und nicht zum Sprechen!“
- „Mit vollem Mund spricht man nicht!“
- „Du musst Salat essen, sonst wirst du wieder krank!“

Formulierungshilfen:

- „Ich mag es nicht, wenn du mit dem Essen spielst. Es sieht sehr unappetitlich aus. Hör jetzt auf damit."
- „Ich möchte gerne, dass du die Erbsen wenigstens probierst. Ich esse sie sooo gerne, deshalb kann ich mir vorstellen, dass du sie auch gut findest."
- „Mach bitte den Mund beim Essen zu. Wer weiß, vielleicht kommt ein Vogel vorbei, sieht die schönen Sachen und stiehlt sie dir aus dem Mund."
- „Willst du mich zum Duell fordern?" (Wenn das Kind wild mit dem Besteck fuchtelt.)
- „Hast du wieder eine Pistole dabei?" (Wenn die linke Hand unter dem Tisch ist.)
- „Stopf dir den Mund lieber nicht so voll. Sonst hast du Pech, wenn ich dich genau dann frage, ob du zum Nachtisch Schokoladenpudding möchtest."

Mit den Kindern im Restaurant

Auch wenn es anstrengend ist: Nehmen Sie Ihre Kinder von klein auf mit ins Restaurant. Nur so können sie lernen, wie man sich dort verhält. Achten Sie darauf, dass die Aufenthalte dort mit kleinen Kindern zu Beginn kurz bleiben.

Damit keine Langeweile aufkommt, lassen Sie die Kinder (in Grenzen) selbst bestimmen, was sie essen wollen. Ermutigen Sie sie, auch Neues zu probieren. Das schult nicht nur den Geschmack, sondern auch den Geist: Offenheit gegenüber neuen Dingen.

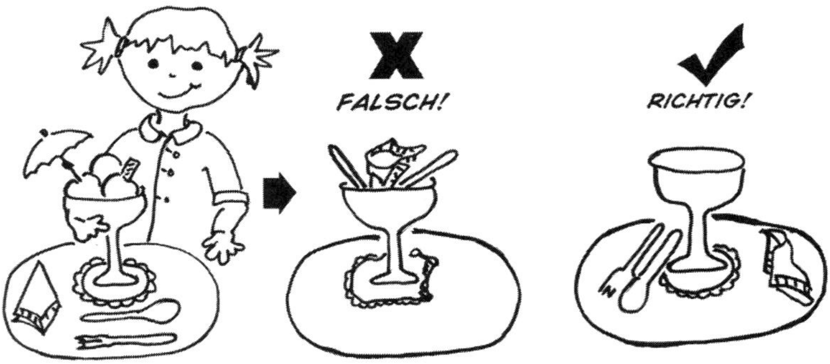

**Löffel in Bechern und Tassen:
Achtung, das kann schnell umkippen!**

Bleiben Sie fest damit, dass der Platz für Kinder im Restaurant am Tisch ist. Gestatten Sie ihnen nicht, durch die Gegend zu rennen und zu lärmen. Damit stören sie andere Leute, die sich vielleicht das erste Mal seit einem Jahr überhaupt wieder einen Restaurantbesuch leisten und es sich gut gehen lassen wollen. Es ist Aufgabe der Eltern, dafür zu sorgen, dass ihre Kinder nicht anderen Gästen den Abend verderben. Geben Sie Ihren Kindern die Chance zu lernen, dass verschiedene Orte auch verschiedenes Verhalten fordern.

Praxistipps

1. Planen Sie in Ihr Familienbudget auch gemeinsame Restaurantbesuche ein. Es ist eine Investition in die Zukunft Ihres Kindes. Gehen Sie dabei nicht immer in Ihr Lieblingslokal um die Ecke, sondern suchen Sie verschiedene Restaurants unterschiedlicher Kategorien auf. Viele sehr hochwertige Restaurants bieten unter der Woche mittags günstige Menüs an.
2. Gehen Sie mit größeren Kindern und Jugendlichen in ein Museum. Lassen Sie sie dort nach Bildern suchen, die wie die klassischen Stillleben Essszenarien vergangener Epochen zeigen. Wer findet als Erster so ein Bild?

Zum Schluss

Zehn goldene Regeln, damit Ihr Kind gute Umgangsformen erlernen kann:

1. Handeln Sie aus Liebe und weil Sie Ihr Kind auf ein Leben in der Welt der Erwachsenen optimal vorbereiten wollen – und nicht, weil ein Kind mit Manieren besser „funktioniert“.
2. Seien Sie immer ein Vorbild – ohne Wenn und Aber.
3. Erklären Sie möglichst oft „warum“, wenn Sie eine Regel vermitteln.
4. Sorgen Sie für ein abwechslungsreiches Umfeld, damit Ihr Kind verschiedene soziale Situationen kennenlernen kann.
5. Setzen Sie klare Spielregeln auf.
6. Sorgen Sie bei Verletzen der Spielregeln für Konsequenzen, die keine Strafen sind.
7. Geben Sie so oft wie möglich eine positive Verstärkung durch Lob und Anerkennung.
8. Schärfen Sie die Beobachtungsgabe Ihrer Kinder, damit diese die vielen Situationen des Umgangs einschätzen können und wissen, welches Verhalten passend ist.
9. Schaffen Sie bewusst und mit Bedacht Ausnahmen – nicht weil Sie gerade keine Lust auf Diskussionen haben.
10. Vergessen Sie bei der Vermittlung nicht, dass gute Manieren in jeder Hinsicht Spaß machen können!

Zu Hause ist der Ort, an dem man sich geborgen fühlt – ohne immer alles richtig machen zu müssen.

Literatur

Andere Bücher der Autorin

Meyden, Nandine: Business-Etikette. Cornelsen, Berlin 2008

Meyden, Nandine: Tisch-Manieren. humboldt, Hannover 2008

Umgangsformen

Asfa-Wossen, Asserate: Manieren. Eichborn, Frankfurt am Main 2003

Bonneau, Elisabeth: 300 Fragen zum guten Benehmen. Gräfe und Unzer, München 2005

Schwarz, Salka: Renaissance der Höflichkeit. DOM, Berlin 2008

Wolff, Inge: Der Knigge-Coach. Universum, Wiesbaden 2005

Pädagogik

Brumlik, Micha (Hrsg.): Vom Missbrauch der Disziplin. Beltz, Weinheim 2007

Kast-Zahn, Annette: Jedes Kind kann Regeln lernen. Gräfe und Unzer, München 2007

Nitsch, Cornelia: Spielen und lernen. Werte machen stark!, Velber, Freiburg 2006

Rogge, Jan-Uwe: Kinder brauchen Grenzen. Rowohlt, Hamburg 1993

Wahlgren, Anna: Das Kinderbuch. Beltz, Weinheim 2004

humboldt

... bringt es auf den Punkt.

Doris Heueck-Mauß

Das Trotzkopfalter

Der Ratgeber für Eltern von 2-6 jährigen Kindern

Der richtige Umgang mit kindlichen Emotionen

Alle wichtigen Tipps und Strategien

4., durchgesehene Auflage

176 Seiten, 12,5 x 18,0 cm, Broschur
ISBN 978-3-89994-187-6
€ 8,90

„Ich will aber nicht!“ Eine typische Trotzreaktion, die sich schnell zur kindlichen Aggression steigern kann. Dieser leicht verständliche Ratgeber hilft allen Eltern, die Gefühle und Verhaltensweisen ihrer Kinder zu verstehen und damit umzugehen.

- Bereits in 4. Auflage
- Ideenreiche und sensible Antworten auf alle Erziehungsfragen
- Für eine stressfreie Eltern-Kind-Beziehung!

Die Autorin

Doris Heueck-Mauß, Dipl.-Psychologin und Psychotherapeutin, ist Mutter zweier Kinder. Seit 1985 arbeitet sie in einer eigenen psychotherapeutischen Praxis in München.

Stand Dezember 2008. Änderungen vorbehalten.

Im Internet

www.chatten-ohne-risiko.net
www.elternfamily.de
www.bildungsklick.de
www.paradisi.de

Artikel

Rüschemeyer, Georg: So geht das aber gar nicht! Nur Konvention oder unerbittliches Naturgesetz? Kinder lernen schon früh, welche Regeln sie hinnehmen müssen und welche sie in Frage stellen können. Frankfurter Allgemeine Sonntagszeitung, 29.06.2008

Berliner Tagesspiegel vom 30.08.2008: Wie geht gute Erziehung? Drei Familienministerinnen über Ihre Familienbild und das Leben mit Kindern